Arthur Schopenhauer

Parerga und Paralipomena II.

Ausgewählte Essays von Schopenhauer

SEVERUS Verlag

Schopenhauer, Arthur: Parerga und Paralipomena II. Ausgewählte Essays von Schopenhauer: Selbstdenken, Schriftstellerei und Stil, Lesen und Bücher. 2018
Neuauflage der Ausgabe von 1851
ISBN: 978-3-96345-056-3

Korrektorat: Chris Kaiser
Satz: Chris Kaiser

Umschlaggestaltung: Annelie Lamers, SEVERUS Verlag
Umschlagmotiv: www.pixabay.com

Bibliografische Information der Deutschen Nationalbibliothek: Die Deutsche Nationalbibliothek verzeichnet diese Publikation in der Deutschen Nationalbibliografie; detaillierte bibliografische Daten sind im Internet über https://dnb.de abrufbar.

Der SEVERUS Verlag ist ein Imprint der Bedey & Thoms Media GmbH, Hermannstal 119k, 22119 Hamburg

---

SEVERUS Verlag, 2018
http://www.severus-verlag.de
Gedruckt in Deutschland

Arthur Schopenhauer

Parerga und Paralipomena II.

Ausgewählte Essays von Schopenhauer: Selbstdenken, Schriftstellerei und Stil, Lesen und Bücher

SEVERUS

Editorische Notiz:
Der Text der vorliegenden Edition beruht auf der Ausgabe:
Schopenhauer, Arthur: Parerga und Paralipomena II. A. W. Hayn Verlag, Berlin 1851. Die Orthographie wurde behutsam modernisiert, grammatikalische Eigenheiten bleiben gewahrt. Die Interpunktion folgt der Druckvorlage. Der Inhalt ist im historischen Kontext zu lesen.

Inhalt

Selbstdenken

Kapitel XXII von Parerga und Paralipomena II

§ 257

Wie die zahlreichste Bibliothek, wenn ungeordnet, nicht so viel Nutzen schafft, als eine sehr mäßige, aber wohlgeordnete; ebenso ist die größte Menge von Kenntnissen, wenn nicht eigenes Denken sie durchgearbeitet hat, viel weniger wert, als eine weit geringere, die aber vielfältig durchdacht worden. Denn erst durch das allseitige Kombinieren dessen, was man weiß, durch das Vergleichen jeder Wahrheit mit jeder anderen, eignet man sein eigenes Wissen sich vollständig an und bekommt es in seine Gewalt. Durchdenken kann man nur was man weiß; daher man etwas lernen soll: aber man weiß auch nur, was man durchdacht hat.

Nun aber kann man sich zwar willkürlich applizieren auf Lesen und Lernen; auf das Denken hingegen eigentlich nicht. Dieses nämlich muss, wie das Feuer durch einen Luftzug, angefacht und unterhalten werden durch irgendein Interesse am Gegenstande desselben; welches entweder ein rein objektives, oder aber bloß ein subjektives sein mag. Das letztere ist allein bei unseren persönlichen Angelegenheiten vorhanden; das erstere aber nur für die von Natur denkenden Köpfe, denen das Denken so natürlich ist, wie das Atmen, welche aber sehr selten sind. Daher ist es mit den meisten Gelehrten so wenig.

§ 258

Die Verschiedenheit zwischen der Wirkung, welche das Selbstdenken, und der, welche das Lesen auf den Geist hat, ist unglaublich groß; daher sie die ursprüngliche Verschiedenheit der Köpfe, vermöge welcher man zum einen, oder zum anderen getrieben wird, noch immerfort vergrößert. Das Lesen nämlich zwingt dem Geiste Gedanken auf, die der Richtung und Stimmung, welche er für den Augenblick hat, so fremd und heterogen sind, wie das Petschaft dem Lack, welchem es sein Siegel aufdrückt. Der Geist erleidet dabei totalen Zwang von außen, jetzt dies, oder jenes zu denken, wozu er soeben gar keinen Trieb, noch Stimmung hat. – Hingegen beim Selbstdenken folgt er seinem selbsteigenen Triebe, wie diesen für den Augenblick entweder die äußere Umgebung, oder irgendeine Erinnerung näher bestimmt hat. Die anschauliche Umgebung nämlich dringt dem Geiste nicht **einen** bestimmten Gedanken auf, wie das Lesen; sondern gibt ihm bloß Stoff und Anlass zu denken was seiner Natur und gegenwärtigen Stimmung gemäß ist. – Daher nun nimmt das **viele** Lesen dem Geiste alle Elastizität; wie ein fortdauernd drückendes Gewicht sie einer Springfeder nimmt. Dies ist der Grund, warum die Gelehrsamkeit die meisten Menschen noch geistloser und einfältiger macht, als sie schon von Natur sind.

§ 259

Im Grunde haben nur die eigenen Grundgedanken Wahrheit und Leben: denn nur sie versteht man recht eigentlich und ganz. Fremde, gelesene Gedanken sind die Überbleibsel eines fremden Mahles, die abgelegten Kleider eines fremden Gastes.

Zum eigenen, in uns aufsteigenden Gedanken verhält der fremde, gelesene, sich wie der Abdruck einer Pflanze der Vorwelt im Stein zur blühenden Pflanze des Frühlings.

§ 260

Lesen ist ein bloßes Surrogat des eigenen Denkens. Man lässt dabei seine Gedanken von einem anderen am Gängelbande führen. Zudem taugen viele Bücher bloß, zu zeigen, wie viel Irrwege es gibt und wie arg man sich verlaufen könnte, wenn man von ihnen sich leiten ließe. Den aber der Genius leitet, d.h. der selbst denkt, freiwillig denkt, richtig denkt, – der hat die Boussole, den rechten Weg zu finden. – Lesen soll man also nur dann, wann die Quelle der eigenen Gedanken stockt; was auch beim besten Kopfe oft genug der Fall sein wird. Hingegen die eigenen, urkräftigen Gedanken verscheuchen, um ein Buch zur Hand zu nehmen, ist Sünde wider den heiligen Geist. Man gleicht alsdann dem, der aus der freien Natur flieht, um ein Herbarium zu besehen, oder um schöne Gegenden im Kupferstiche zu betrachten.

Wenn man auch bisweilen eine Wahrheit, eine Einsicht, die man mit vieler Mühe und langsam durch eigenes Denken und Kombinieren herausgebracht hat, hätte mit Bequemlichkeit in einem Buche ganz fertig vorfinden können; so ist sie doch hundert Mal mehr wert, wenn man sie durch eigenes Denken erlangt hat. Denn nur alsdann tritt sie als integrierender Teil, als lebendiges Glied, ein, in das ganze System unserer Gedanken, steht mit demselben in vollkommenem und festem Zusammenhange, wird mit allen ihren Gründen und Folgen verstanden, trägt die

Farbe, den Farbenton, das Gepräge unserer ganzen Denkweise, ist eben zur rechten Zeit, als das Bedürfnis derselben rege war, gekommen, sitzt daher fest und kann nicht wieder verschwinden. Demnach findet hier Goethes Vers,

> »*Was du ererbt von deinen Vätern hast,*
> *Erwirb' es, um es zu besitzen*«,

seine vollkommenste Anwendung, ja, Erklärung.

Hingegen klebt die bloß erlernte Wahrheit uns nur an, wie ein angesetztes Glied, ein falscher Zahn, eine wächserne Nase, oder höchstens wie eine rhinoplastische aus fremdem Fleische. Die durch eigenes Denken erworbene Wahrheit aber gleicht dem natürlichen Gliede: sie allein gehört uns wirklich an. Darauf beruht der Unterschied zwischen dem Denker und dem bloßen Gelehrten. Daher sieht der geistige Erwerb des Selbstdenkers aus, wie ein schönes Gemälde, das lebendig hervortritt, mit richtigem Lichte und Schatten, gehaltenem Ton, vollkommener Harmonie der Farben. Hingegen gleicht der geistige Erwerb des bloßen Gelehrten einer großen Palette, voll bunter Farben, allenfalls systematisch geordnet, aber ohne Harmonie, Zusammenhang und Bedeutung.

§ 261

Lesen heißt mit einem fremden Kopfe, statt des eigenen, denken. Nun ist aber dem eigenen Denken, aus welchem allemal ein zusammenhängendes Ganzes, ein, wenn auch nicht streng abgeschlossenes, System sich zu entwickeln trachtet, nichts nachteiliger, als ein, vermöge beständigen Lesens, zu starker Zufluss fremder Gedanken; weil diese, jeder einem anderen Geiste entsprossen, einem anderen Systeme angehörend, eine andere Farbe tragend, nie von selbst zu einem Ganzen des Denkens, des Wissens, der Einsicht und Überzeugung zusammenfließen, vielmehr eine leise babylonische Sprachverwirrung im Kopfe anrichten und dem Geiste, der sich mit ihnen überfüllt hat, nunmehr alle klare Einsicht benehmen und so ihn beinahe desorganisieren. Dieser Zustand ist an vielen Gelehrten wahrzunehmen und macht, dass sie an gesundem Verstande, richtigem Urteil und praktischem Takte vielen Ungelehrten nachstehen, welche die von außen, durch Erfahrung, Gespräch und wenige Lektüre ihnen zugekommene geringe Kenntnis stets dem eigenen Denken untergeordnet und einverleibt haben. Eben dieses nun tut, nach einem größeren Maßstabe, auch der wissenschaftliche Denker. Obgleich er nämlich viele Kenntnisse nötig hat und daher viel lesen muss; so ist doch sein Geist stark genug, dies alles zu bewältigen, es zu assimilieren, dem Systeme seiner Gedanken einzuverleiben und es so dem organisch zusammenhängenden Ganzen seiner immer wachsenden, großartigen Einsicht unterzuordnen; wobei sein eigenes Denken, wie der Grundbass der Orgel, stets alles beherrscht und nie von fremden Tönen übertäubt wird, wie dies hingegen der Fall ist in den bloß polyhistorischen Köpfen, in welchen gleichsam Musikfetzen aus allen Tonarten durcheinanderlaufen und der Grundton gar nicht mehr zu finden ist.

§ 262

Die Leute, welche ihr Leben mit Lesen zugebracht und ihre Weisheit aus Büchern geschöpft haben, gleichen denen, welche aus vielen Reisebeschreibungen sich genaue Kunde von einem Lande erworben haben. Diese können über vieles Auskunft erteilen: aber im Grunde haben sie doch keine zusammenhängende, deutliche, gründliche Kenntnis von der Beschaffenheit des Landes. Hingegen die, welche ihr Leben mit Denken zugebracht haben, gleichen solchen, die selbst in jenem Lande gewesen sind: sie allein wissen eigentlich wovon die Rede ist, kennen die Dinge dort im Zusammenhang und sind wahrhaft darin Zuhause.

§ 263

Zu einem Selbstdenker verhält sich der gewöhnliche Bücherphilosoph, wie zu einem Augenzeugen ein Geschichtsforscher: jener redet aus eigener, unmittelbarer Auffassung der Sache. Daher stimmen alle Selbstdenker im Grunde doch überein, und ihre Verschiedenheit entspringt nur aus der des Standpunktes: wo aber dieser nichts ändert, sagen sie alle dasselbe. Denn sie sagen bloß aus, was sie objektiv aufgefasst haben. Oft habe ich Sätze, die ich, ihrer Paradoxie wegen, nur zaudernd vor das Publikum brachte, nachmals, zu meinem freudigen Erstaunen, in alten Werken großer Männer ausgesprochen gefunden. – Der Bücherphilosoph hingegen berichtet, was dieser gesagt und jener gemeint und was dann wieder ein anderer eingewandt hat usw. Das vergleicht er, wägt es ab, kritisiert es und sucht so hinter die Wahrheit der Sachen zu kommen; wobei er dem kritischen Geschichtsschreiber ganz ähnlich wird. So wird er z.B. Untersuchungen anstellen, ob Leibnitz wohl, zu irgendeiner Zeit, auf eine Weile, ein Spinozist gewesen sei u.dgl.m. Recht deutliche Beispiele zu dem hier Gesagten liefern dem kuriosen Liebhaber **Herbarts** »Analytische Beleuchtung der Moral und des Naturrechts«, im gleichen dessen »Briefe über die Freiheit«. – Man könnte sich wundern über die viele Mühe, die so einer sich gibt; da es scheint, dass, wenn er nur die Sache selbst ins Auge fassen wollte, er durch ein wenig Selbstdenken bald zum Ziele gelangen würde. Allein damit hat es einen kleinen Anstand; indem das nicht von unserem Willen abhängt: man kann jederzeit sich hinsetzen und lesen; nicht aber – und denken. Es ist nämlich mit Gedanken, wie mit Menschen: man kann nicht immer, nach Belieben, sie rufen lassen; sondern muss abwarten, dass sie kommen. Das Denken über einen Gegenstand muss sich von selbst einstellen, durch ein glückliches, harmonierendes Zusammentreffen des äußern Anlasses mit der inneren Stimmung und Spannung: und gerade das ist es, was jenen Leuten nie kommen will. – Indessen ist sogar der größte Kopf nicht jederzeit zum Selbstdenken fähig. Daher tut er wohl, die übrige Zeit zum Lesen zu benutzen, als welches, wie gesagt, ein Surrogat des eigenen Denkens ist und dem Geiste Stoff zuführt, indem dabei ein anderer für uns denkt, wiewohl stets auf eine Weise, die nicht die unsrige ist. Dieserhalb eben soll man nicht zu viel lesen; damit nicht der Geist sich an das Surrogat gewöhne und darüber die Sache selbst verlerne, also damit er nicht sich an schon ausgetretene Pfade gewöhne, und damit das Gehen eines fremden Gedankenganges ihn nicht dem eigenen entfremde. Am allerwenigsten soll man, des Lesens wegen, dem Anblick der realen Welt sich ganz entziehen; da der Anlass und die Stimmung zum eigenen Denken ungleich öfter bei diesem, als beim Lesen sich einfindet. Denn das Anschauliche, das Reale, in seiner Ursprünglichkeit und Kraft, ist der natürliche Gegenstand des denkenden Geistes und vermag am leichtesten ihn tief zu erregen.

Nach diesen Betrachtungen wird es uns nicht wundern, dass der Selbstdenker und der Bücherphilosoph schon am Vortrage leicht zu erkennen sind; jener am Gepräge des Ernstes, der Unmittelbarkeit und Ursprünglichkeit, am Autoptischen aller seiner Gedanken und Ausdrücke; Dieser hingegen daran, dass alles aus zweiter Hand ist, überkommene Begriffe, zusammengetrödelter Kram, matt und stumpf, wie der Abdruck eines Abdrucks; und sein aus konventionellen, ja, banalen Phrasen und gangbaren Modeworten bestehender Stil gleicht einem kleinen Staate, dessen Zirkulation aus lauter fremden Münzsorten besteht, weil er nicht selbst prägt.

§ 264

So wenig, wie das Lesen, kann die bloße Erfahrung das Denken ersetzen. Die reine Empirie verhält sich zum Denken, wie Essen zum Verdauen und Assimilieren. Wenn jene sich brüstet, dass sie allein, durch ihre Entdeckungen, das menschliche Wissen gefördert habe; so ist es, wie wenn der Mund sich rühmen wollte, dass der Bestand des Leibes sein Werk allein sei.

§ 265

Das charakteristische Merkmal der Geister ersten Ranges ist die Unmittelbarkeit aller ihrer Urteile. Alles was sie vorbringen, ist Resultat ihres selbsteigenen Denkens und kündigt sich, schon durch den Vortrag, überall als solches an. Sie haben sonach, gleich den Fürsten, eine Reichsunmittelbarkeit, im Reiche der Geister: die Übrigen sind alle mediatisiert; welches schon an ihrem Stil, der kein eigenes Gepräge hat, zu ersehen ist.

Jeder wahre Selbstdenker also gleicht insofern einem Monarchen: er ist unmittelbar und erkennt niemanden über sich. Seine Urteile, wie die Beschlüsse eines Monarchen, entspringen aus seiner eigenen Machtvollkommenheit und gehen unmittelbar von ihm selbst aus. Denn, so wenig wie der Monarch Befehle, nimmt er Auktoritäten an, sondern lässt nichts gelten, als was er selbst bestätigt hat. – Das Vulgus der Köpfe hingegen, befangen in allerlei geltenden Meinungen, Auktoritäten und Vorurteilen, gleicht dem Volke, welches dem Gesetze und Befehle schweigend gehorcht.

§ 266

Die Leute, welche so eifrig und eilig sind, strittige Fragen durch Anführung von Auktoritäten zu entscheiden, sind eigentlich froh, wann sie, statt eigenen Verstandes und Einsicht, daran es fehlt, fremde ins Feld stellen können. Ihre Zahl ist Legio.

§ 267

Im Reiche der Wirklichkeit, so schön, glücklich und anmutig sie auch ausgefallen sein mag, bewegen wir uns doch stets nur unter dem Einfluss der Schwere, welcher unaufhörlich zu überwinden ist: hingegen sind wir, im Reiche der Gedanken, unkörperliche Geister, ohne Schwere und ohne Not. Daher kommt kein Glück auf Erden dem gleich, welches ein schöner und fruchtbarer Geist, zur glücklichen Stunde, in sich selbst findet.

§ 268

Die Gegenwart eines Gedankens ist wie die Gegenwart einer Geliebten. Wir meinen, diesen Gedanken werden wir nie vergessen und diese Geliebte könne uns nie gleichgültig werden. Allein aus den Augen, aus dem Sinn! Der schönste Gedanke läuft Gefahr, unwiederbringlich vergessen zu werden, wenn er nicht aufgeschrieben, und die Geliebte, von uns geflohen zu werden, wenn sie nicht angetraut worden.

§ 269

Es gibt Gedanken die Menge, welche Wert haben für den, der sie denkt; aber nur wenige unter ihnen, welche die Kraft besitzen, noch durch Reperkussion, oder Reflexion, zu wirken, d.h. nachdem sie niedergeschrieben worden, dem Leser Anteil abzugewinnen.

§ 270

Dabei aber hat doch nur das wahren Wert, was einer zunächst bloß **für sich selbst** gedacht hat. Man kann nämlich die Denker einteilen in solche, die zunächst **für sich**, und solche, die sogleich **für Andere** denken. Jene sind die echten, sind die **Selbstdenker**, im zwiefachen Sinne des Worts: sie sind die eigentlichen **Philosophen**. Denn ihnen allein ist es ernst mit der Sache. Auch besteht der Genuss und das Glück ihres Daseins eben im Denken. Die anderen sind die **Sophisten**: sie wollen **scheinen**, und suchen ihr Glück in dem, was sie dadurch von anderen zu erlangen hoffen: hierin liegt ihr Ernst. Welcher von beiden Klassen einer angehöre, lässt sich bald merken, an seiner ganzen Art und Weise. **Lichtenberg** ist ein Muster der ersten Art: **Herder** gehört schon der zweiten an.

§ 271

Wenn man wohl erwägt, wie groß und wie naheliegend das **Problem des Daseins** ist, dieses zweideutigen, gequälten, flüchtigen, traumartigen Daseins; – so groß und so naheliegend, dass, sobald man es gewahr wird, es alle anderen Probleme und Zwecke überschattet und verdeckt; – und wenn man nun dabei vor Augen hat, wie alle Menschen, – einige wenige und seltene ausgenommen, – dieses Problems sich nicht deutlich bewusst, ja, seiner gar nicht inne zu werden scheinen, sondern um alles andere eher, als darum, sich bekümmern, und dahinleben, nur auf den heutigen Tag und die fast nicht längere Spanne ihrer persönlichen Zukunft bedacht, indem sie jenes Problem entweder ausdrücklich ablehnen, oder hinsichtlich desselben sich bereitwillig abfinden lassen mit irgendeinem Systeme der Volksmetaphysik und damit ausreichen; – wenn man, sage ich, das wohl erwägt; so kann man der Meinung werden, dass der Mensch doch nur sehr im weiteren Sinne ein **denkendes Wesen** heiße, und wird fortan über keinen Zug von Gedankenlosigkeit, oder Einfalt, sich sonderlich wundern, vielmehr wissen, dass der intellektuelle Gesichtskreis des Normalmenschen zwar über den des Tieres, – dessen ganzes Dasein, der Zukunft und Vergangenheit sich nicht bewusst, gleichsam eine einzige Gegenwart ist, – hinausgeht, aber doch nicht so unberechenbar weit, wie man wohl anzunehmen pflegt.

Diesem entspricht es sogar, dass man auch im Gespräche die Gedanken der meisten Menschen so kurz abgeschnitten findet, wie Häckerling, daher kein längerer Faden sich herausspinnen lässt.

Auch könnte unmöglich, wenn diese Welt von eigentlich denkenden Wesen bevölkert wäre, der Lärm jeder Art so unbeschränkt erlaubt und freigegeben sein, wie sogar der entsetzlichste und dabei zwecklose es ist. – Wenn nun aber gar schon die Natur den Menschen zum Denken bestimmt hätte; so würde sie ihm keine Ohren gegeben, oder diese wenigstens, wie bei den Fledermäusen, die ich darum beneide, mit luftdichten Schließklappen versehen haben. In Wahrheit aber ist er, gleich den anderen, ein armes Tier, dessen Kräfte bloß auf die Erhaltung seines Daseins berechnet sind, weshalb es der stets offenen Ohren bedarf, als welche, auch unbefragt und bei Nacht wie bei Tage, die Annäherung des Verfolgers ankündigen.

Über Schriftstellerei und Stil

Kapitel XXIII von Parerga und Paralipomena II

§ 272

Zuvörderst gibt es zweierlei Schriftsteller: solche, die der Sache wegen, und solche, die des Schreibens wegen schreiben. Jene haben Gedanken gehabt, oder Erfahrungen gemacht, die ihnen mitteilenswert scheinen; Diese brauchen Geld, und deshalb schreiben sie, für Geld. Sie denken zum Behuf des Schreibens. Man erkennt sie daran, dass sie ihre Gedanken möglichst lang ausspinnen und auch halbwahre, schiefe, forcierte und schwankende Gedanken ausführen, auch meistens das Helldunkel lieben, um zu scheinen was sie nicht sind; weshalb ihrem Schreiben Bestimmtheit und volle Deutlichkeit abgeht. Man kann daher bald merken, dass sie um Papier zu füllen schreiben: bei unseren besten Schriftstellern kann man es mitunter: z.B. stellenweise in Lessings Dramaturgie. Sobald man es merkt, soll man das Buch wegwerfen: denn die Zeit ist edel. – Honorar und Verbot des Nachdrucks sind im Grunde der Verderb der Literatur. Schreibenswertes schreibt nur wer ganz allein der Sache wegen schreibt. Welch ein unschätzbarer Gewinn würde es sein, wenn, in allen Fächern einer Literatur, nur wenige, aber vortreffliche Bücher existierten. Dahin aber kann es nie kommen, so lange Honorar zu verdienen ist.

§ 273

Wiederum kann man sagen, es gebe dreierlei Autoren: erstlich solche, welche schreiben, ohne zu denken. Sie schreiben aus dem Gedächtnis, aus Reminiszenzen, oder gar unmittelbar aus fremden Büchern. Diese Klasse ist die zahlreichste. – Zweitens solche, die während des Schreibens denken. Sie denken, um zu schreiben. Sind sehr häufig. – Drittens solche, die gedacht haben, ehe sie ans Schreiben gingen. Sie schreiben bloß, weil sie gedacht haben. Sind selten.

Jener Schriftsteller der zweiten Art, der das Denken bis zum Schreiben aufschiebt, ist dem Jäger zu vergleichen, der aufs Geratewohl ausgeht: er wird schwerlich sehr viel nach Hause bringen. Hingegen wird das Schreiben des Schriftstellers der dritten, seltenen Art, einer Treibjagd gleichen, als zu welcher das Wild zum Voraus eingefangen und eingepfercht worden, um nachher haufenweise aus solchem Behältnisse herauszuströmen in einen anderen ebenfalls umzäunten Raum, wo es dem Jäger nicht entgehen kann; so dass er jetzt es bloß mit dem Zielen und Schießen (der Darstellung) zu tun hat. Dies ist die Jagd, welche etwas abwirft. –

Sogar nun aber unter der kleinen Anzahl von Schriftstellern, die wirklich, ernstlich und zum Voraus denken, sind wieder nur äußerst wenige, welche über **die Dinge selbst** denken: die übrigen denken bloß über **Bücher**, über das von anderen Gesagte. Sie bedürfen nämlich, um zu denken, der nahen und stärkeren Anregung durch fremde, gegebene Gedanken. Diese werden nun ihr nächstes Thema; daher sie stets unter dem Einfluss derselben bleiben, folglich nie eigentliche Originalität erlangen. Jene ersteren hingegen werden durch **die Dinge selbst** zum Denken angeregt; daher ihr Denken unmittelbar auf diese gerichtet ist. Unter ihnen allein sind die zu finden, welche bleiben und unsterblich werden. – Es versteht sich, dass hier von hohen Fächern die Rede ist, nicht von Schriftstellern über das Branntweinbrennen.

Nur wer bei dem, was er schreibt, den Stoff unmittelbar aus seinem eigenen Kopfe nimmt, ist wert, dass man ihn lese. Aber Büchermacher, Kompendienschreiber, gewöhnliche Historiker u.a.m. nehmen den Stoff unmittelbar aus Büchern: aus diesen geht er in die Finger, ohne im Kopf auch nur Transitzoll und Visitation, geschweige Bearbeitung, erlitten zu haben. Daher hat ihr Gerede oft so unbestimmten Sinn, dass man vergeblich sich den Kopf zerbricht, herauszubringen, was sie denn am Ende denken. Sie denken eben gar nicht. Das Buch, aus dem sie abschreiben, ist bisweilen ebenso verfasst: also ist es mit dieser Schriftstellerei, wie mit Gipsabdrücken von Abdrücken von Abdrücken usf., wobei am Ende der Antinous zum kaum kenntlichen Umriss eines Gesichtes wird. Daher soll man Kompilatoren möglichst selten lesen: denn es ganz zu vermeiden ist schwer; indem sogar die Kompendien, welche das im Laufe vieler Jahrhunderte zusammengebrachte Wissen im engen Raum enthalten, zu den Kompilationen gehören.

Wer über einen Gegenstand sich belehren will, hüte sich, sogleich nur nach den neuesten Büchern darüber zu greifen, in der Voraussetzung, dass bei Abfassung dieser die alten benutzt worden seien. Das sind sie wohl; aber wie? Der Schreiber versteht oft die alten nicht gründlich, will dabei doch nicht geradezu ihre Worte gebrauchen, verballhornt und verhunzt daher das von ihnen sehr viel besser und deutlicher Gesagte; da sie aus eigener und lebendiger Sachkenntnis geschrieben haben. Zudem will er es wohl noch gar besser verstehen, als sie, und setzt seine Irrtümer an die Stelle ihrer Wahrheiten. Hieher gehören auch die Übersetzer, welche ihren Autor zugleich berichtigen und bearbeiten; welches mir stets impertinent vorkommt. Schreibe du selbst Bücher, welche des Übersetzens wert sind und lass anderer Werke wie sie sind. – Man lese also, wo möglich, die eigentlichen Urheber, Begründer und Erfinder der Sachen, oder wenigstens die anerkannten großen Meister des Fachs, und kaufe lieber die **Bücher** aus zweiter Hand, als ihren Inhalt. Weil aber freilich ***inventis aliquid addere facile est***, so wird man, nach wohlgelegtem Grunde, mit den neueren Zutaten sich bekannt zu machen haben. Im Ganzen also gilt hier, wie überall, diese Regel: das Neue ist selten das Gute; weil das Gute nur kurze Zeit das Neue ist.

§ 274

Ein Buch kann nie mehr sein, als der Abdruck der Gedanken des Verfassers. Der Wert dieser Gedanken liegt entweder im **Stoff**, also in dem, **worüber** er gedacht hat; oder in der **Form**, d.h. der Bearbeitung des Stoffs, also in dem, **was** er darüber gedacht hat. Das Worüber ist gar mannigfaltig, und ebenso die Vorzüge, welche es den Büchern erteilt. Aller empirische Stoff, also alles historisch, oder physisch, Tatsächliche, an sich selbst und im weitesten Sinne genommen, gehört hieher. Das Eigentümliche liegt dabei im **Objekt**; daher das Buch wichtig sein kann, wer auch immer der Verfasser sei.

Beim Was hingegen liegt das Eigentümliche im **Subjekt**. Die Gegenstände können solche sein, welche allen Menschen zugänglich und bekannt sind: aber die Form der Auffassung, das Was des Denkens, erteilt hier den Wert und liegt im Subjekt. Ist daher ein Buch von dieser Seite vortrefflich und ohne Gleichen; so ist es sein Verfasser auch. Hieraus folgt, dass das Verdienst eines lesenswerten Schriftstellers umso größer ist, je weniger es dem Stoffe verdankt, mithin sogar, je bekannter und abgenutzter dieser ist. So z.B. haben die drei großen griechischen Tragiker sämtlich denselben Stoff bearbeitet.

Also soll man, wenn ein Buch berühmt ist, wohl unterscheiden, ob wegen des Stoffs, oder wegen der Form.

Ganz gewöhnliche und platte Menschen können, vermöge des **Stoffs**, sehr wichtige Bücher liefern, indem derselbe gerade nur ihnen zugänglich war: z.B. Beschreibungen ferner Länder, seltener Naturerscheinungen, angestellter Versuche, Geschichte, deren Zeuge sie gewesen, oder deren Quellen aufzusuchen und speziell zu studieren sie Mühe und Zeit verwendet haben.

Hingegen wo es auf die **Form** ankommt, indem der Stoff jedem zugänglich, oder gar schon bekannt ist; wo also nur das Was des Denkens über denselben der Leistung Wert geben kann; da vermag nur der eminente Kopf etwas Lesenswertes zu liefern. Denn die Übrigen werden allemal nur das denken, was jeder andere auch denken kann. Sie geben den Abdruck ihres Geistes: aber von dem besitzt jeder schon selbst das Original.

Das Publikum jedoch wendet seine Teilnahme sehr viel mehr dem Stoff, als der Form zu, und bleibt eben dadurch in seiner höheren Bildung zurück.

Das diesem schlechten Hange frönende Unternehmen, durch den **Stoff** zu wirken, wird absolut verwerflich in Fächern, wo das Verdienst ausdrücklich in der **Form** liegen soll, – also in den poetischen. Dennoch sieht man häufig schlechte dramatische Schriftsteller bestrebt, mittelst des Stoffes das Theater zu füllen: so z.B. bringen sie jeden irgend berühmten Mann, so nackt an dramatischen Vorgängen sein Leben auch gewesen sein mag, auf die Bühne, ja, bisweilen ohne auch nur abzuwarten, dass die mit ihm auftretenden Personen gestorben seien.

§ 275

Das eigentliche Leben eines Gedankens dauert nur bis er an den Grenzpunkt der Worte angelangt ist: da petrifiziert er, ist fortan tot, aber unverwüstlich, gleich den versteinerten Tieren und Pflanzen der Vorwelt. Auch dem des Kristalls, im Augenblick des Anschießens, kann man sein momentanes eigentliches Leben vergleichen.

Sobald nämlich unser Denken Worte gefunden hat, ist es schon nicht mehr innig, noch im tiefsten Grunde ernst. Wo es anfängt für andere da zu sein, hört es auf, in uns zu leben; wie das Kind sich von der Mutter ablöst, wann es ins eigene Dasein tritt. Sagt doch auch der Dichter:

»***Ihr müsst mich nicht durch Widerspruch verwirren! Sobald man spricht, beginnt man schon zu irren.***«

§ 276

Die Feder ist dem Denken was der Stock dem Gehen: aber der leichteste Gang ist ohne Stock und das vollkommenste Denken geht ohne Feder vor sich. Erst wenn man anfängt alt zu werden, bedient man sich gern des Stockes und gern der Feder.

§ 277

Eine **Hypothese** führt in dem Kopfe, in welchem sie einmal Platz gewonnen hat, oder gar geboren ist, ein Leben, welches insofern dem eines Organismus gleicht, als sie von der Außenwelt nur das ihr Gedeihliche und Homogene aufnimmt, hingegen das ihr Heterogene und Verderbliche entweder gar nicht an sich kommen lässt, oder, wenn es ihr unvermeidlich zugeführt wird, es ganz unversehrt wieder excerniert.

§ 278

Die **Satire** soll, gleich der Algebra, bloß mit abstrakten und unbestimmten, nicht mit konkreten Werten, oder benannten Größen operieren; und an lebendigen Menschen darf man sie so wenig, wie die Anatomie, ausüben; bei Strafe seiner Haut und seines Lebens nicht sicher zu sein.

§ 279

Um **unsterblich** zu sein, muss ein Werk so viele Trefflichkeiten haben, dass nicht leicht sich einer findet, der sie **alle** fasst und schätzt; jedoch allezeit **diese** Trefflichkeit von diesem, **jene** von jenem erkannt und verehrt wird; wodurch der Kredit des Werkes, den langen Lauf der Jahrhunderte hindurch, und bei stets wechselndem Interesse, sich doch erhält, indem es bald in **diesem**, bald in **jenem** Sinne verehrt und nie erschöpft wird. – Der Urheber eines solchen aber, also der, welcher auf ein Bleiben und Leben noch bei der Nachwelt Anspruch hat, kann nur ein Mensch sein, der nicht bloß unter seinen Zeitgenossen, auf der weiten Erde, seines Gleichen vergeblich sucht und von jedem anderen, durch eine sehr merkliche Verschiedenheit, augenfällig absticht; sondern der, wenn er sogar, wie der ewige Jude, mehrere Generationen durchwanderte, sich dennoch im selben Falle befinden würde; kurz, einer, von dem das Ariostische ***lo fece natura, e poi ruppe lo stampo*** wirklich gilt. Denn sonst wäre nicht einzusehen, warum seine Gedanken nicht untergehen sollten, wie alle anderen.

§ 280

Zu fast jeder Zeit ist, wie in der Kunst, so auch in der Literatur, irgendeine falsche Grundansicht, oder Weise, oder Manier, im Schwange und wird bewundert. Die gemeinen Köpfe sind eifrig bemüht, solche sich anzueignen und sie zu üben. Der Einsichtige erkennt und verschmäht sie: er bleibt außer der Mode. Aber nach einigen Jahren kommt auch das Publikum dahinter und erkennt die Faxe für das, was sie ist, verlacht sie jetzt, und die bewunderte Schminke aller jener manierierten Werke fällt ab, wie eine schlechte Gipsverzierung von der damit bekleideten Mauer: und wie diese stehen sie alsdann da.

§ 281

Gegen die gewissenlose Tintenkleckserei unserer Zeit und gegen die demnach immer höher steigende Sintflut unnützer und schlechter Bücher sollten die **Literaturzeitungen** der Damm sein, indem solche, unbestechbar, gerecht und strenge urteilend, jedes Machwerk eines Unberufenen, jede Schreiberei, mittelst welcher der leere Kopf dem leeren Beutel zu Hilfe kommen will, folglich wohl 9/10 aller Bücher, schonungslos geißelten und dadurch pflichtgemäß dem Schreibekitzel und der Prellerei entgegenarbeiteten, statt solche dadurch zu befördern, dass ihre niederträchtige Toleranz im Bunde steht mit

Autor und Verleger, um dem Publiko Zeit und Geld zu rauben. Ist, oder war, etwa eine unter ihnen, welche sich rühmen kann, nie die nichtswürdigste Schreiberei gelobt, nie das Vortreffliche getadelt und herabgesetzt, oder verschmitzterweise, um die Blicke davon abzulenken, es als unbedeutend behandelt zu haben? Ist eine, welche stets die Auswahl des Anzuzeigenden gewissenhaft nach der Wichtigkeit der Bücher, und nicht nach Gevatterrekommendationen, kollegialischen Rücksichten, oder gar Verlegerschmiergeld, getroffen hat? Sieht nicht jeder, der kein Neuling ist, sobald er ein Buch stark gelobt, oder sehr getadelt findet, fast mechanisch sogleich zurück nach der Verlegerfirma? Bestände hingegen eine Literaturzeitung, wie die oben verlangte; so würde jedem schlechten Schriftsteller, jedem geistlosen Kompilator, jedem Abschreiber aus fremden Büchern, jedem hohlen, unfähigen, anstellungshungrigen Philosophaster, jedem verblasenen, ekeln Poetaster, die Aussicht auf den Pranger, an welchem sein Machwerk nun bald und unfehlbar zu stehen hätte, die juckenden Schreibefinger lahmen, zum wahren Heil der Literatur, als in welcher das Schlechte nicht etwa bloß unnütz, sondern positiv verderblich ist. Nun aber sind die allermeisten Bücher schlecht und hätten ungeschrieben bleiben sollen: folglich sollte das Lob so selten sein, wie es jetzt, unter dem Einfluss persönlicher Rücksichten und der Maxime ***accedas socius, laudes lauderis ut absens***, der Tadel ist. Es ist durchaus falsch, die Toleranz, welche man gegen stumpfe, hirnlose Menschen, in der Gesellschaft, die überall von ihnen wimmelt, notwendig haben muss, auch auf die Literatur übertragen zu wollen. Denn hier sind sie unverschämte Eindringlinge, und hier das Schlechte herabzusetzen ist Pflicht gegen das Gute: denn wem nichts für schlecht gilt, dem gilt auch nichts für gut. Freilich könnte eine Literaturzeitung, wie ich sie will, nur von Leuten geschrieben werden, in welchen unbestechbare Redlichkeit mit seltenen Kenntnissen und noch seltenerer Urteilskraft vereint wäre: demnach könnte ganz Deutschland allerhöchstens und kaum **eine** solche Literaturzeitung zu Stande bringen, die dann aber dastehen würde als ein gerechter Areopag, und zu der jedes Mitglied von den sämtlichen anderen gewählt sein müsste; statt dass jetzt die Literaturzeitungen von Universitätsgilden, oder Literatencliquen, im Stillen vielleicht gar von Buchhändlern, zum Nutzen des Buchhandels, betrieben werden und, in der Regel, einige Koalitionen schlechter Köpfe zum Nichtaufkommenlassen des Guten enthalten. Nirgends ist mehr Unredlichkeit, als in der Literatur: das sagte schon **Goethe**, wie ich im »Willen in der Natur« S. 22 des Näheren berichtet habe.

Vor allen Dingen daher müsste jenes Schild aller literarischen Unredlichkeit, die **Anonymität**, dabei wegfallen. In Literaturzeitungen hat zu ihrer Einführung der Vorwand gedient, dass sie den redlichen Rezensenten, den Warner des Publikums, schützen sollte gegen den Groll des Autors und seiner Gönner. Allein, gegen einen Fall dieser Art, werden hundert sein, wo sie bloß dient, den, der was er sagt nicht vertreten kann, aller Verantwortlichkeit zu entziehen, oder wohl gar, die Schande dessen zu verhüllen, der feil und niederträchtig genug ist, für ein Trinkgeld vom Verleger, ein schlechtes Buch dem Publiko anzupreisen. Oft auch dient sie bloß, die Obskurität und Unbedeutsamkeit des Urteilenden zu bedecken.

Schon **Rousseau** hat, in der Vorrede zur Neuen Heloise, gesagt: ***tout honnête homme doit avouer les livres qu'il publie***. Wie viel mehr noch gilt dies von polemischen Schriften, wie doch Rezensionen meistens sind! Weshalb **Riemer** ganz Recht hat, wenn er in seinen »Mitteilungen über Goethe«, S. XXIX der Vorrede, sagt: »Ein offener, dem Gesicht sich stellender Gegner ist ein ehrlicher, gemäßigter, einer mit dem man sich verständigen, vertragen, aussöhnen kann; ein versteckter hingegen ist ein **niederträchtiger, feiger Schuft**, der nicht so viel Herz hat, sich zu dem zu bekennen, was er urteilt, dem also nicht einmal etwas an seiner Meinung liegt, sondern nur an der heimlichen Freude, unerkannt und ungestraft sein Mütchen zu kühlen.« Dies wird eben auch **Goethes** Meinung gewesen sein: denn die sprach meistens aus **Riemern**. Überhaupt aber gilt Rousseaus Regel von jeder Zeile, die zum Drucke gegeben wird. Würde man es leiden, wenn ein maskierter Mensch das Volk arrangieren, oder sonst vor einer Versammlung reden wollte? Und gar wenn er dabei andere angriffe und mit Tadel überschüttete? Würden nicht alsbald seine Schritte zur Tür hinaus von fremden Fußtritten beflügelt werden?

Die in Deutschland endlich erlangte und sogleich auf das Ehrloseste missbrauchte Pressefreiheit sollte wenigstens durch ein Verbot aller und jeder Anonymität und Pseudonymität bedingt sein, damit jeder für das, was er durch das weitreichende Sprachrohr der Presse öffentlich verkündet, wenigstens mit seiner Ehre verantwortlich wäre, wenn er noch eine hat; und wenn keine, damit sein Name seine Rede neutralisierte. Ist denn nicht die Anonymität die feste Burg aller literarischen, zumal publizistischen Schurkerei? Sie muss also eingerissen werden, bis auf den Grund, d.h. so, dass selbst jeder Zeitungsartikel überall vom Namen des Abfassers begleitet sein solle, unter schwerer Verantwortlichkeit des Redakteurs für die Richtigkeit der Unterschrift. Dadurch würden, weil auch der Unbedeutendeste doch in seinem Wohnorte gekannt ist, zwei Drittel der Zeitungslügen wegfallen und die Frechheit mancher Giftzunge in Schranken gehalten werden. In Frankreich greift man eben jetzt die Sache so an.

In der Literatur aber sollten, so lange jenes Verbot nicht existiert, alle redlichen Schriftsteller sich vereinigen, die Anonymität durch das Brandmark der öffentlich und täglich ausgesprochenen äußersten Verachtung zu proskribieren. Wer anonym schreibt und polemisiert, hat ***eo ipso*** die Präsumtion gegen sich, dass er das Publikum betrügen, oder ungefährdet anderer Ehre antasten will. Daher sollte jede, selbst die ganz beiläufige und außerdem nicht tadelnde Erwähnung eines anonymen Rezensenten nur mittelst Epitheta, wie »der feige anonyme Lump da und da«, oder »der verkappte anonyme Schuft in jener Zeitschrift« usf. geschehen. Dies ist wirklich der anständige und passende Ton, von solchen Gesellen zu reden, damit ihnen das Handwerk verleidet werde. Denn offenbar kann auf irgendwelche persönliche Achtung jeder doch nur insofern Anspruch haben, als er sehen lässt, wer er sei, damit man wisse, wen man vor sich habe; nicht aber wer verkappt und vermummt einher schleicht und sich dabei unnütz macht: vielmehr ist ein Solcher **ipso facto** vogelfrei. Er ist **Οδυσσευς Ουτις**, Mr. Nobody (Herr Niemand), und jedem steht es frei, zu erklären, dass Mr. Nobody ein Schuft sei. Und wenn nun nachmals einer sich das Verdienst erwirbt, so einem durch die Spießruten gelaufenen Gesellen die Nebelkappe abzuziehen und ihn, beim Ohr gefasst, heranzuschleppen; so wird die Nachteule bei Tage großen Jubel erregen. – Bei jeder mündlichen Verleumdung, die man vernimmt, äußert der erste Ausbruch der Indignation, in der Regel, sich durch ein »Wer sagt das?« – Aber da bleibt die Anonymität die Antwort schuldig.

§ 282

Der **Stil** ist die Physiognomie des Geistes. Sie ist untrüglicher, als die des Leibes. Fremden Stil nachahmen heißt eine Maske tragen. Wäre diese auch noch so schön, so wird sie, durch das Leblose, bald insipid und unerträglich; so dass selbst das hässlichste lebendige Gesicht besser ist. Darum gleichen denn auch die lateinisch schreibenden Schriftsteller, welche den Stil der Alten nachahmen, doch eigentlich den Masken: man hört nämlich wohl was sie sagen; aber man sieht nicht auch dazu ihre Physiognomie, den Stil. Wohl aber sieht man auch diese in den lateinischen Schriften der **Selbstdenker**, als welche sich zu jener Nachahmung nicht bequemt haben, wie z.B. Skotus Erigena, Petrarka, Bako, Kartesius, Spinoza, Hobbes u.a.m.

Affektation im Stil ist dem Gesichterschneiden zu vergleichen. – Die Sprache, in welcher man schreibt, ist die Nationalphysiognomie: sie stellt große Unterschiede fest, – von der Griechischen bis zur Karaibischen.

§ 283

Um über den Wert der Geistesprodukte eines Schriftstellers eine vorläufige Schätzung anzustellen, ist es nicht gerade notwendig, zu wissen, **worüber**, oder **was** er gedacht habe; dazu wäre erfordert, dass man alle seine Werke durchläse; – sondern zunächst ist es hinreichend, zu wissen, **wie** er gedacht habe. Von diesem **wie** des Denkens nun, von dieser wesentlichen Beschaffenheit und durchgängigen **Qualität** desselben, ist ein genauer Abdruck sein **Stil**. Dieser zeigt nämlich die **formelle** Beschaffenheit aller Gedanken eines Menschen, welche sich stets gleich bleiben muss; **was** und **worüber** er auch denken möge. Man hat daran gleichsam den Teig, aus dem er alle seine Gestalten knetet, so verschieden sie auch sein mögen. Wie daher Eulenspiegel dem Fragenden, wie lange er, bis zum nächsten Orte, noch zu gehen habe, die scheinbar ungereimte Antwort gab »Gehe!«, in der Absicht, erst aus seinem Gange zu ermessen, wie weit er, in einer gegebenen Zeit, kommen würde; so lese ich aus einem Autor ein Paar Seiten, und weiß dann schon ungefähr, wie weit er mich fördern kann.

Im stillen Bewusstsein dieses Bewandtnisses der Sache, sucht jeder Mediokre seinen, ihm eigenen und natürlichen Stil zu maskieren. Dies nötigt ihn zunächst auf alle **Naivität** zu verzichten; so dass diese das Vorrecht der überlegenen und sich selbst fühlenden, daher mit Sicherheit auftretenden Geister bleibt. Jene Alltagsköpfe nämlich können schlechterdings sich nicht entschließen, zu schreiben, wie sie denken; weil ihnen ahndet, dass alsdann das Ding ein gar einfältiges Ansehen erhalten könnte. Es wäre aber immer doch etwas. Wenn sie also nur ehrlich zu Werke gehen und das Wenige und Gewöhnliche, was sie wirklich gedacht haben, so wie sie es gedacht haben, einfach mitteilen wollten; so würden sie lesbar und sogar, in der ihnen angemessenen Sphäre, belehrend sein. Allein, stattdessen, streben sie nach dem Schein, viel mehr und tiefer gedacht zu haben, als der Fall ist. Sie bringen demnach was sie zu sagen haben in gezwungenen, schwierigen Wendungen, neu geschaffenen Wörtern und weitläufigen, um den Gedanken herumgehenden und ihn verhüllenden Perioden vor. Sie schwanken zwischen dem Bestreben, denselben mitzuteilen, und dem, ihn zu verstecken. Sie möchten ihn so aufstutzen, dass er ein gelehrtes, oder tiefsinniges Ansehen erhielte, damit man denke, es stecke viel mehr dahinter, als man zur Zeit gewahr wird. Demnach werfen sie ihn bald stückweise hin, in kurzen, vieldeutigen und paradoxen Aussprüchen, die viel mehr anzudeuten scheinen, als sie besagen (herrliche Beispiele dieser Art liefern Schellings naturphilosophische Schriften); bald wieder bringen sie ihren Gedanken unter einem Schwall von Worten vor, mit der unerträglichsten Weitschweifigkeit, als brauchte es Wunder welche Anstalten, den tiefen Sinn desselben verständlich zu machen, – während es ein ganz simpler Einfall, wo nicht gar eine Trivialität ist (**Fichte**, in seinen populären Schriften und hundert elende, nicht nennenswerte Strohköpfe, in ihren philosophischen Lehrbüchern, liefern Beispiele in Fülle); oder aber sie befleißigen sich irgendeiner beliebig angenommenen, vornehm sein sollenden Schreibart, z.B. einer so recht ***κατ' εξοχην*** gründlichen und wissenschaftlichen, wo man dann von der narkotischen Wirkung lang gesponnener, gedankenleerer Perioden zu Tode gemartert wird; (Beispiele hievon geben besonders jene unverschämtesten aller Sterblichen, die Hegelianer, in der Hegelzeitung, *vulgo* Jahrbücher der wissenschaftlichen Literatur); oder gar sie haben es auf eine geistreiche Schreibart abgesehen, wo sie dann verrückt werden zu wollen scheinen, u.dgl.m. Alle solche Bemühungen, durch welche sie das ***nascetur ridiculus mus*** hinauszuschieben suchen, machen es oft schwer, aus ihren Sachen herauszubringen, was sie denn eigentlich wollen. Zudem aber schreiben sie auch Worte, ja, ganze Perioden hin, bei denen sie selbst nichts denken, jedoch hoffen, dass ein anderer etwas dabei denken werde. Allen solchen Anstrengungen liegt nichts anderes zum Grunde, als das unermüdliche, stets auf neuen Wegen sich versuchende Bestreben, Worte für Gedanken zu verkaufen, und, mittelst neuer, oder in neuem Sinne gebrauchter Ausdrücke, Wendungen und Zusammensetzungen jeder Art, den Schein des Geistes hervorzubringen, um den so schmerzlich gefühlten

Mangel desselben zu ersetzen. Belustigend ist es, zu sehen, wie, zu diesem Zwecke, bald diese bald jene Manier versucht wird, um sie als eine den Geist vorstellende Maske vorzunehmen, welche dann auch wohl auf eine Weile die Unerfahrenen täuscht, bis auch sie eben als tote Maske erkannt, verlacht und dann gegen eine andere vertauscht wird. Da sieht man die Schriftsteller bald dithyrambisch, wie besoffen, und bald, ja schon auf der nächsten Seite, hochtrabend-, ernst-, gründlich-gelehrt, bis zur schwerfälligsten, kleinkauendesten Weitschweifigkeit, gleich der des weiland Christian Wolff, wiewohl im modernen Gewände. Am längsten aber hält die Maske der Unverständlichkeit vor, jedoch nur in Deutschland, als wo sie, von **Fichte** eingeführt, von **Schelling** vervollkommnet, endlich in **Hegel** ihren höchsten Klimax erreicht hat: stets mit glücklichstem Erfolge. Und doch ist nichts leichter, als so zu schreiben, dass kein Mensch es versteht; wie hingegen nichts schwerer, als bedeutende Gedanken so auszudrücken, dass jeder sie verstehen muss. Alle oben angeführten Künste nun aber macht die wirkliche Anwesenheit des Geistes entbehrlich: denn sie erlaubt, dass man sich zeige, wie man ist, und bestätigt allezeit den Ausspruch des Horaz:

scribendi recte sapere est et principium et fons.

Jene aber machen es wie gewisse Metallarbeiter, welche hundert verschiedene Kompositionen versuchen, die Stelle des einzigen, ewig unersetzlichen Goldes zu vertreten. Vielmehr aber sollte, ganz im Gegenteil, ein Autor sich vor nichts mehr hüten, als vor dem sichtbaren Bestreben, mehr Geist zeigen zu wollen, als er hat; weil Dies im Leser den Verdacht erweckt, dass er dessen sehr wenig habe, da man immer und in jeder Art nur das affektiert, was man nicht wirklich besitzt. Eben deshalb ist es ein Lob, wenn man einen Autor naiv nennt; indem es besagt, dass er sich zeigen darf, wie er ist. Überhaupt zieht das Naive an: die

Unnatur hingegen schreckt überall zurück. Auch sehen wir jeden wirklichen Denker bemüht, seine Gedanken so rein, deutlich, sicher und kurz, wie nur möglich, auszusprechen. Demgemäß ist Simplizität stets ein Merkmal, nicht allein der Wahrheit, sondern auch des Genies gewesen. Der Stil erhält die Schönheit vom Gedanken; statt dass, bei jenen Scheindenkern, die Gedanken durch den Stil schön werden sollen. Ist doch der Stil der bloße Schattenriss des Gedankens: undeutlich, oder schlecht schreiben, heißt dumpf, oder konfus denken.

Daher nun ist die erste, ja, schon für sich allein beinahe ausreichende Regel des guten Stils diese, **dass man etwas zu sagen habe**: o, damit kommt man weit! Aber die Vernachlässigung derselben ist ein Grundcharakterzug der philosophischen und überhaupt aller reflektierenden Schriftsteller in Deutschland, besonders seit **Fichte**. Allen solchen Schreibern nämlich ist anzumerken, dass sie etwas zu sagen **scheinen** wollen, während sie nichts zu sagen haben. Diese durch die Pseudophilosophen der Universitäten eingeführte Weise kann man durchgängig und selbst bei den ersten literarischen Notabilitäten der Zeitperiode beobachten. Sie ist die Mutter des geschrobenen, vagen, zweideutigen, ja, vieldeutigen Stils, im gleichen des weitläufigen und schwerfälligen, des *stile empesé*, nicht weniger des unnützen Wortschwalls, endlich auch des Versteckens der bittersten Gedankenarmut unter ein unermüdliches, klappermühlenhaftes, betäubendes Gesaalbader, daran man stundenlang lesen kann, ohne irgendeines deutlich ausgeprägten und bestimmten Gedankens habhaft zu werden. Von dieser Art und Kunst liefern jene berüchtigten »Halleschen«, nachher »Deutschen Jahrbücher« fast durchweg auserlesene Muster. – Inzwischen hat die deutsche Gelassenheit sich gewöhnt, dergleichen Wortkram jeder Art, Seite nach Seite zu lesen, ohne sonderlich zu wissen, was der Schreiber eigentlich will: sie meint eben, das gehöre sich so, und kommt nicht dahinter, dass er bloß schreibt, um zu schreiben. Ein guter, gedankenreicher Schriftsteller hingegen erwirbt sich bei seinem Leser bald den Kredit, dass er im Ernst und wirklich **etwas zu sagen habe**, wann er spricht: und dies gibt dem verständigen Leser die Geduld, ihm aufmerksam zu folgen. Ein solcher Schriftsteller wird auch, eben weil er wirklich etwas zu sagen hat, sich stets auf die einfachste und entschiedenste Weise ausdrücken; weil ihm daran liegt, gerade den Gedanken, den er jetzt hat, auch im Leser zu erwecken und keinen anderen. Demnach wird er mit **Boileau** sagen dürfen:

Ma pensée au grand jour partout s'offre et s'expose,
Et mon vers, bien ou mal, dit toujours quelque chose;

während von jenen vorher Geschilderten das ***et qui parlant beaucoup ne disent jamais rien*** desselben Dichters gilt. Zur Charakteristik derselben gehört nun auch dies, dass sie, wo möglich, alle **entschiedenen** Ausdrücke vermeiden, um nötigenfalls immer noch den Kopf aus der Schlinge ziehen zu können: daher wählen sie in allen Fällen den **abstrakteren** Ausdruck; Leute von Geist hingegen den konkreteren; weil dieser die Sache der Anschaulichkeit näher bringt, welche die Quelle aller Evidenz ist. Jene Vorliebe für das Abstrakte lässt sich durch viele Beispiele belegen: ein besonders lächerliches aber ist dieses, dass man in der Deutschen Schriftstellerei dieser letzten zehn Jahre fast überall, wo »bewirken«, oder »verursachen« stehen sollte, »**bedingen**« findet; weil dies, als abstrakter und unbestimmter, weniger besagt (nämlich »nicht ohne dieses« statt »durch dieses«) und daher immer noch Hintertürchen offen lässt, die denen gefallen, welchen das stille Bewusstsein ihrer Unfähigkeit eine beständige Furcht vor allen **entschiedenen** Ausdrücken einflößt. Bei anderen jedoch wirkt hier bloß der nationale Hang, in der

Literatur jede Dummheit, wie im Leben jede Ungezogenheit, sogleich nachzuahmen, welcher durch das schnelle Umsichgreifen beider belegt wird; während ein Engländer, bei dem, was er schreibt, wie bei dem, was er tut, sein eigenes Urteil zu Rate zieht: Dies ist im Gegenteil niemandem weniger nachzurühmen, als dem Deutschen. In Folge des besagten Hergangs sind die Worte »bewirken« und »verursachen« aus der Büchersprache der letzten 10 Jahre fast ganz verschwunden und überall ist bloß von »bedingen« die Rede. Die Sache ist, des charakteristisch Lächerlichen wegen, erwähnenswert.

Man könnte die Geistlosigkeit und Langweiligkeit der Schriften der Alltagsköpfe sogar daraus ableiten, dass sie immer nur mit halbem Bewusstsein reden, nämlich den Sinn ihrer eigenen Worte nicht selbst eigentlich verstehen, da solche bei ihnen ein Erlerntes und fertig Aufgenommenes sind; daher sie mehr die ganzen Phrasen (***phrases banales***) als die Worte zusammengefügt haben. Leute von Geist hingegen reden, in ihren Schriften, **wirklich** zu uns, und daher vermögen sie, uns zu beleben und zu unterhalten: nur **sie** stellen die einzelnen Worte mit vollem Bewusstsein, mit Wahl und Absicht zusammen. Daher verhält ihr Vortrag sich zu dem der oben Geschilderten wie ein wirklich **gemaltes** Bild zu einem mit Schablonen verfertigten: dort nämlich liegt in jedem Wort, wie in jedem Pinselstrich, spezielle Absicht; hier hingegen ist alles mechanisch aufgesetzt. Denselben Unterschied kann man in der Musik beobachten. Denn überall ist es stets die Allgegenwart des Geistes in allen Teilen, welche die Werke des Genies charakterisiert: sie ist der von **Lichtenberg** bemerkten Allgegenwart der Seele **Garricks** in allen Muskeln seines Körpers analog.

In Hinsicht auf die oben angeregte **Langweiligkeit** der Schriften ist jedoch die allgemeine Bemerkung beizubringen, dass es zwei Arten von Langweiligkeit gibt: eine objektive und eine subjektive. Die **objektive** entspringt allemal aus dem hier in Rede stehenden Mangel, also daraus, dass der Autor gar keine vollkommen deutliche Gedanken, oder Erkenntnisse, mitzuteilen hat. Denn wer solche hat, arbeitet auf seinen Zweck, die Mitteilung derselben, in gerader Linie hin, liefert daher überall deutlich ausgeprägte Begriffe und ist sonach weder weitschweifig, noch nichtssagend, noch konfus, folglich nicht langweilig. Selbst wenn sein Grundgedanke ein Irrtum wäre; so ist er, in solchem Fall, doch deutlich gedacht und wohlüberlegt, also wenigstens formell richtig, wodurch die Schrift immer noch einigen Wert behält. Hingegen ist, aus denselben Gründen, eine objektiv **langweilige** Schrift allemal auch sonst wertlos. – Die **subjektive** Langweiligkeit hingegen ist eine bloß relative: sie hat ihren Grund im Mangel an Interesse für den Gegenstand, beim Leser; diese aber in irgendeiner Beschränktheit desselben. Subjektiv langweilig kann daher auch das Vortrefflichste sein, nämlich diesem oder jenem; wie umgekehrt auch das Schlechteste diesem oder jenem subjektiv-kurzweilig sein kann; weil der Gegenstand, oder der Schreiber, ihn interessiert. –

Den deutschen Schriftstellern würde durchgängig die Einsicht zustattenkommen, dass man zwar, wo möglich, denken soll wie ein großer Geist, hingegen dieselbe Sprache reden wie jeder andere. Wir finden sie nämlich, umgekehrt, bemüht, triviale Begriffe in vornehme Worte zu hüllen und ihre sehr gewöhnlichen Gedanken in die ungewöhnlichsten Ausdrücke, die gesuchtesten, preziösesten und seltsamsten Redensarten zu kleiden. Hinsichtlich dieses Wohlgefallens am Bombast, überhaupt am hochtrabenden, aufgedunsenen, pretiösen, hyperbolischen und aerobatischen Stile, ist ihr Typus der Fähnrich **Pistol**, dem sein Freund **Fallstaff** einmal ungeduldig zuruft:

»sage was du zu sagen hast, wie ein Mensch aus dieser Welt!« – Liebhabern von Beispielen widme ich folgende Anzeige: »Nächstens erscheint in unserm Verlage: Theoretisch-praktisch wissenschaftliche Physiologie, Pathologie und Therapie der sogenannten Blähungen, worin diese, in ihrem organischen Zusammenhange, ihrem Sein und Wesen nach, wie auch mit allen sie bedingenden, äußeren und inneren, kausalen Momenten, in der ganzen Fülle ihrer Erscheinungen und Betätigungen, sowohl für das allgemein menschliche, als für das wissenschaftliche Bewusstsein, systematisch dargelegt werden: eine freie, mit berichtigenden Anmerkungen und erläuternden Exkursen ausgestattete Übertragung des Französischen Werkes: ***l'art de peter.***«

Für ***stile empesé*** findet man im Deutschen keinen genau entsprechenden Ausdruck; desto häufiger aber die Sache selbst. Wenn mit Preziosität verbunden, ist er in Büchern was im Umgange die affektierte Gravität, Vornehmigkeit und Preziosität, und ebenso unerträglich. Die Geistesarmut kleidet sich gern darin; wie im Leben die Dummheit in die Gravität und Formalität.

Wer **preziös** schreibt gleicht dem, der sich herausputzt, um nicht mit dem Pöbel verwechselt und vermengt zu werden; eine Gefahr, welche der *Gentleman*, auch im schlechtesten Anzuge, nicht läuft. Wie man daher an einer gewissen Kleiderpracht und dem ***tiré à quatre épingles*** den Plebejer erkennt; so am preziösen Stil den Alltagskopf.

Nichtsdestoweniger ist es ein falsches Bestreben, geradezu so schreiben zu wollen, wie man redet. Vielmehr soll jeder Schriftstil eine gewisse Spur der Verwandtschaft mit dem Lapidarstil tragen, der ja ihrer aller Ahnherr ist. Jenes ist daher so verwerflich, wie das Umgekehrte, nämlich reden zu wollen, wie man schreibt; welches pedantisch und schwer verständlich zugleich herauskommt.

Dunkelheit und Undeutlichkeit des Ausdrucks ist allemal und überall ein sehr schlimmes Zeichen. Denn in 99 Fällen unter 100 rührt sie her von der Undeutlichkeit des Gedankens, welche selbst wiederum fast immer aus einem ursprünglichen Missverhältnis, Inkonsistenz und also Unrichtigkeit desselben entspringt. Wenn, in einem Kopfe, ein richtiger Gedanke aufsteigt, strebt er schon nach der Deutlichkeit und wird sie bald erreichen: das deutlich Gedachte aber findet leicht seinen angemessenen Ausdruck. Was ein Mensch zu denken vermag lässt sich auch allemal in klaren, fasslichen und unzweideutigen Worten ausdrücken. Die, welche schwierige, dunkele, verflochtene, zweideutige Reden zusammensetzen, wissen ganz gewiss nicht recht, was sie sagen wollen, sondern haben nur ein dumpfes, nach einem Gedanken erst ringendes Bewusstsein davon: oft aber auch wollen sie sich selber und anderen verbergen, dass sie eigentlich nichts zu sagen haben. Sie wollen, wie Fichte, Schelling und Hegel, zu wissen scheinen, was sie nicht wissen, zu denken, was sie nicht denken, und zu sagen, was sie nicht sagen. Wird denn Einer, der etwas Rechtes mitzuteilen hat, sich bemühen, undeutlich zu reden, oder deutlich?

Wie jedes Übermaß einer Einwirkung meistens das Gegenteil des Bezweckten herbeiführt; so dienen zwar Worte, Gedanken fasslich zu machen; jedoch auch nur bis zu einem gewissen Punkt. Über diesen hinaus angehäuft, machen sie die mitzuteilenden Gedanken wieder dunkler und immer dunkler. Jenen Punkt zu treffen ist Aufgabe des Stils und Sache der Urteilskraft: denn jedes überflüssige Wort wirkt seinem Zwecke gerade entgegen. In diesem Sinne sagt **Voltaire**: ***l'adjectif est l'ennemi du substantif.***

Demgemäß vermeide man alle Weitschweifigkeit und alles Einflechten unbedeutender, der Mühe des Lesens nicht lohnender Bemerkungen. Man muss sparsam mit der Zeit, Anstrengung und Geduld des Lesers umgehen: dadurch wird man bei ihm sich den Kredit erhalten, dass was dasteht des aufmerksamen Lesens wert ist und seine darauf zu verwendende Mühe belohnen wird. Immer noch besser, etwas Gutes wegzulassen, als etwas Nichtssagendes hinzusetzen. Also, wo möglich, lauter Quintessenzen, lauter Hauptsachen, nichts, was der Leser auch allein denken würde. – Viele Worte machen, um wenige Gedanken mitzuteilen, ist überall das untrügliche Zeichen der Mittelmäßigkeit; das des eminenten Kopfes dagegen, viele Gedanken in wenige Worte zu schließen.

Die Wahrheit ist nackt am schönsten, und der Eindruck, den sie macht, umso tiefer, als ihr Ausdruck einfacher war; teils, weil sie dann das ganze, durch keinen Nebengedanken zerstreute Gemüt des Hörers ungehindert einnimmt; teils, weil er fühlt, dass er hier nicht durch rhetorische Künste bestochen, oder getäuscht ist, sondern die ganze Wirkung von der Sache selbst ausgeht. Z.B. welche Deklamation über die Nichtigkeit des menschlichen Daseins wird wohl mehr Eindruck machen, als Hiob's: ***homo, natus de muliere, brevi vivit tempore, repletus multis miseriis, qui, tanquam flos, egreditur et conteritur, et fugit velut umbra.*** – Eben daher steht die naive Poesie Goethes so unvergleichlich höher als die rhetorische Schillers. Daher auch die starke Wirkung mancher Volkslieder. Deshalb nun hat man, wie in der Baukunst vor der Überladung mit Zierraten, in den redenden Künsten sich vor allem nicht notwendigen rhetorischen Schmuck, allen unnützen Amplifikationen und überhaupt vor allem Überfluss im Ausdruck zu hüten, also sich eines **keuschen** Stiles zu befleißigen. Alles Entbehrliche wirkt nachteilig. Das Gesetz der Einfachheit und Naivität, da diese sich auch mit dem Erhabensten verträgt, gilt für alle schönen Künste.

Die echte Kürze des Ausdrucks besteht darin, dass man überall nur sagt was sagenswert ist, hingegen alle weitschweifigen Auseinandersetzungen dessen, was jeder selbst hinzudenken kann, vermeidet, mit richtiger Unterscheidung des Nötigen und Überflüssigen. Hingegen soll man nie der Kürze die Deutlichkeit, geschweige die Grammatik, zum Opfer bringen. Den Ausdruck eines Gedankens zu schwächen, oder gar den Sinn einer Periode zu verdunkeln, oder zu verkümmern, um einige Worte weniger hinzusetzen, ist beklagenswerter Unverstand. Gerade dies aber ist das Treiben jener falschen Kürze, die heut zu Tage im Schwange ist und darin besteht, dass man das Zweckdienliche, ja, das grammatisch, oder logisch, Notwendige weglässt. In Deutschland sind die schlechten Skribenten jetziger Zeit von ihr, wie von einer Manie, ergriffen und üben sie mit unglaublichem Unverstande. Nicht nur, dass sie, um ein Wort zu ersparen, **ein** Verbum, oder **ein** Adjektiv mehreren und verschiedenen Perioden zugleich dienen lassen, welche man nun alle, ohne sie zu verstehen und wie im Dunkeln tappend, zu durchlesen hat, bis endlich das Schlusswort kommt und uns ein Licht darüber aufsteckt; sondern noch durch mancherlei andere, ganz ungehörige Worterspamisse suchen sie das hervorzubringen, was sie sich unter Kürze des Ausdrucks und gedrungener Schreibart denken. So werden sie, durch ökonomische Weglassung eines Wortes, welches mit einem Male Licht über eine Periode verbreitet hätte, diese zu einem Rätsel machen, welches man durch wiederholtes Lesen aufzuklären sucht. Insbesondere sind die Partikeln Wenn und So bei ihnen proskribiert und müssen überall durch Vorsetzung des Verbi ersetzt werden, ohne die nötige, für Köpfe ihres Schlages freilich auch zu subtile, Diskrimination, wo diese Wendung passend sei, und wo nicht; woraus denn oft nicht nur geschmacklose Härte und Affektation, sondern auch Unverständlichkeit erwächst. Aber ihr Talent in der Kürze des Ausdrucks geht nun einmal nicht weiter, als die Worte zu zählen und auf Pfiffe zu denken, irgendeines, oder auch nur eine Silbe, um jeden Preis, auszumerzen. Ganz allein hierin suchen sie die Gedrungenheit des Stils und Kernhaftigkeit des Vertrags. Demzufolge haben diese unwissenden Tintenkleckser, in den 1840er Jahren, aus der deutschen Sprache das Perfekt und Plusquamperfekt ganz verbannt, indem sie, beliebter Kürze halber, solche überall durch das Imperfekt ersetzen, so dass dieses das einzige Präteritum der Sprache bleibt, auf Kosten, nicht etwa bloß aller feineren Richtigkeit, oder auch nur aller Grammatizität der Phrase; nein, oft auf Kosten alles Menschenverstandes, indem barer Unsinn daraus wird. Ich wollte wetten, dass aus diesen letzten zehn Jahren sich ganze Bücher vorfinden, in denen kein einziges Plusquamperfektum, ja, vielleicht auch kein Perfektum, vorkommt. Beinahe ausnahmslos wird dieser Frevel gegen die Sprache ausgeübt in allen Zeitungen und größtenteils auch in den gelehrten Zeitschriften; indem, wie schon erwähnt, in Deutschland, jede Dummheit in der Literatur und jede Ungezogenheit im Leben, Scharen von Nachahmern findet und keiner wagt auf eigenen Beinen zu stehen; weil eben, wie ich nicht bergen kann, die Urteilskraft nicht zu Hause ist, sondern bei den Nachbarn, auf Visiten. – Durch die besagte Exstirpation jener zwei wichtigen Tempora sinkt nun aber eine Sprache fast zum Range der allerrohesten herab. – Es täte daher Not, dass man eine kleine Sprachschule für deutsche Schriftsteller errichtete, in welcher der Unterschied zwischen Imperfektum, Perfektum und Plusquamperfektum gelehrt würde; nächstdem auch der zwischen Genitiv und Ablativ; da, immer allgemeiner, dieser statt jenes gesetzt und ganz unbefangen z.B. »das Leben von Leibnitz«, statt Leibnitzens Leben, und »der Tod von Andreas Hofer«, statt Hofers Tod, geschrieben wird. Wie würde in anderen Sprachen ein solcher Schnitzer aufgenommen werden? Was würden z.B. die Italiener sagen, wenn ein Schriftsteller di und da (d.i. Genitiv und Ablativ) vertauschte! Aber weil im Französischen diese beiden Partikeln durch das dumpfe, stumpfe de vertreten werden und die moderne Sprachkenntnis deutscher Bücherschreiber nicht über ein geringes Maß Französisch hinauszugehen pflegt, glauben sie jene französische Armseligkeit auch der deutschen Sprache aufheften zu dürfen, und finden, wie bei Dummheiten gewöhnlich, Beifall und Nachfolge. Die vorgeschlagene Sprachschule könnte auch Preisaufgaben stellen, z.B. den Unterschied des Sinnes der beiden Fragen: »sind Sie gestern im Theater gewesen?« und »waren Sie gestern im Theater?« deutlich zu machen.

Noch ein anderes Beispiel falscher Kürze liefert der allmählich allgemein gewordene falsche Gebrauch des Wortes **nur**. Bekanntlich ist die Bedeutung desselben limitierend, es besagt nämlich »nicht **mehr** als«. Nun aber weiß ich nicht, welcher Querkopf zuerst es gebraucht hat für »nicht **anders** als«, welches ein ganz verschiedener Gedanke ist: aber wegen der dabei zu lukrierenden Wortersparnis fand der Schnitzer sogleich die eifrigste Nachahmung; so dass jetzt der falsche Gebrauch des Wortes der häufigste ist, obschon dadurch oft das Gegenteil von dem, was der Schreiber beabsichtigt, eigentlich gesagt wird. Hieher gehört auch der, jetzt allgemeine adverbiale Gebrauch des Adjektivs »ähnlich«, der zwar ein paar ältere Beispiele mag aufweisen können, mir jedoch allemal wie ein Misston klingt.

Am auffallendsten aber zeigt jenes falsche Streben nach Kürze sich in der Verstümmelung der einzelnen Wörter. Um Tagelohn dienende Büchermacher, gräulich unwissende Literaten und feile Zeitungsschreiber beschneiden die deutschen Wörter von allen Seiten, wie Gauner die Münzen; Alles bloß zum Zweck beliebter Kürze, – wie **sie** solche verstehen. In diesem Streben werden sie den unbändigen Schwätzern gleich, welche, um nur recht Vieles in kurzer Zeit und in einem Atem heraus zu sprudeln, Buchstaben und Silben verschlucken und, hastig nach Luft schnappend, ihre Phrasen ächzend abhaspeln, wobei sie dann die Worte nur zur Hälfte aussprechen. Solchermaßen also werden auch von jenen, um recht Vieles auf wenig Raum zu bringen, Buchstaben aus der Mitte und ganze Silben vom Anfang und Ende der Wörter weggeschnitten. Zuvörderst nämlich werden die der Prosodie, der Aussprache und dem Wohllaute dienenden Doppelvokale und verlängernden h überall herausgerissen, danach aber Alles, was noch irgendwo ablösbar ist, weggenommen. Vorzüglich hat diese vandalische Zerstörungswut unserer Wortbeknapper sich auf die Endsilben »ung« und »keit« gerichtet; eben nur weil sie die Bedeutung derselben nicht verstehen, noch fühlen, und, unter ihrer dicken Hirnschale, weit davon entfernt sind, den feinen Takt zu spüren, mit welchem überall unsere instinktmäßig sprachbildenden Vorfahren jene Silbenmodulation angewandt haben, indem sie nämlich durch »ung«, in der Regel, das Subjektive, die Handlung, vom Objektiven, dem Gegenstande derselben, unterschieden; durch »keit« aber meistens das Dauernde, die bleibenden Eigenschaften, ausdrückten: wie z.B. jenes in Tötung, Zeugung, Befolgung, Ausmessung usw. Dieses in Freigebigkeit, Gutmütigkeit, Freimütigkeit, Unmöglichkeit, Dauerhaftigkeit usw. Man betrachte z.B. nur die Wörter »Entschließung, Entschluss und Entschlossenheit«. Jedoch viel zu stumpf, um dergleichen zu erkennen, schreiben unsere »jetztzeitigen« rohen Sprachverbesserer z.B. »Freimut«: dann sollten sie auch Gutmut und Freigabe, wie auch Ausfuhr statt Ausführung,

Durchfuhr statt Durchführung, schreiben. Durchgängig schreiben sie »Vorlage«, wo nicht, wie doch das Wort besagt, das vorzulegende Dokument, sondern die Handlung des Vorlegens, also die »Vorlegung« gemeint und der Unterschied der analoge ist, wie zwischen Beilage und Beilegung, Grundlage und Grundlegung, Einlage und Einlegung, Versuch und Versuchung, Eingabe und Eingebung und hundert ähnlichen Wörtern. Aber wann sogar hohe Behörden die Sprachdilapidation sanktionieren, indem sie nicht nur »Vorlage« statt Vorlegung, sondern auch »Vollzug« statt »Vollziehung« schreiben; so darf es uns nicht wundern, alsbald einen Zeitungsschreiber den »Einzug einer Pension« berichten zu sehen, – womit er ihre Einziehung meint, folglich dass sie ihren Einzug nicht ferner halten werde. Denn an ihm freilich ist die Weisheit der Sprache, welche von der Ziehung einer Lotterie, aber vom Zuge eines Heeres redet, verloren. Allein was darf man von so einem Gazetteer erwarten, wenn sogar die gelehrten Heidelberger Jahrbücher (Nr.24 d.J. 1850) vom »Einzug seiner Güter« reden? Höchstens könnten diese zu ihrer Entschuldigung anführen, dass es doch nur ein Philosophieprofessor ist, der so schreibt. Ich wundere mich, noch nicht »Absatz« statt Absetzung gefunden zu haben, welches ergötzliche Missverständnisse herbeiführen könnte. Wirklich gefunden aber habe ich, in einer vielgelesenen Zeitung, und zwar mehrmals, »Unterbruch« statt Unterbrechung; wodurch man verleitet werden kann zu denken, hier sei die gewöhnliche Hernia, im Gegensatz des Leistenbruchs, gemeint. – Und doch haben gerade die Zeitungen am wenigsten Ursache, die Worte zu beschneiden; da solche, je länger sie sind, desto mehr ihre Spalten ausfüllen, und wenn dies durch unschuldige Silben geschieht, sie dafür ein paar Lügen weniger in die Welt schicken können. Ganz ernstlich muss ich nun aber hier zu bedenken geben, dass gewiss mehr, als 9/10 der überhaupt lesenden Menschen nichts, als die Zeitungen, lesen, folglich fast unausbleiblich ihre Rechtschreibung, Grammatik und Stil nach diesen bilden, und sogar, in ihrer Einfalt, dergleichen Sprachverhunzungen für Kürze des Ausdrucks, elegante Leichtigkeit und scharfsinnige Sprachverbesserung halten, ja, überhaupt den jungen Leuten ungelehrter Stände die Zeitung, weil sie doch gedruckt ist, für eine Auktorität gilt. Daher sollte, in allem Ernst, von Staatswegen dafür gesorgt werden, dass die Zeitungen, in sprachlicher Hinsicht, durchaus fehlerfrei wären. Man könnte, zu diesem Zweck, einen Nachzensor anstellen, der, statt des Gehaltes, vom Zeitungsschreiber, für jedes verstümmelte, oder nicht bei guten Schriftstellern anzutreffende Wort, wie auch für jeden grammatischen, selbst nur syntaktischen Fehler, auch für jede in falscher Verbindung, oder falschem Sinne, gebrauchte Präposition einen Louisd'or, als Sportel, zu erheben hätte, für freche Verhöhnung aller Grammatik aber, wie wenn ein solcher Skribler, statt »hinsichtlich«, **hinsichts** schreibt, 3 Louisd'or und im Wiederbetretungsfall das Doppelte. Oder ist etwa die deutsche Sprache vogelfrei, als eine Kleinigkeit, die nicht des Schutzes der Gesetze wert ist, den doch jeder Misthaufen genießt? – Elende Philister! – Was, in aller Welt, soll aus der deutschen Sprache werden, wenn Sudler und Zeitungsschreiber diskretionäre Gewalt behalten, mit ihr zu schalten und zu walten nach Maßgabe ihrer Laune und ihres Unverstandes? – Übrigens aber beschränkt der in Rede stehende Unfug sich keineswegs auf die Zeitungen: vielmehr ist er allgemein und wird in Büchern und gelehrten Zeitschriften mit gleichem Eifer und mit wenig mehr Überlegung getrieben. Da finden wir Präfixa und Affixa rücksichtslos unterschlagen, indem z.B. »Hingabe«, für Hingebung; »Missverstand«, für Missverständnis; »Wandeln«, für Verwandeln; »Lauf«, für

Verlauf; »Meiden«, für Vermeiden; »Ratschlagen«, für Beratschlagen; »Schlüsse«, für Beschlüsse; »Führung«, für Aufführung; »Vergleich«, für Vergleichung; »Zehrung«, für Auszehrung gesetzt ist, und hundert andere, mitunter noch schlimmere Streiche dieser Art. Sogar in sehr gelehrten Werken finden wir die Mode mitgemacht: z.B. in der »Chronologie der Ägypter« von Lepsius, 1849, heißt es, S. 545. »Manethos fügte seinem Geschichtswerke – – – – eine Übersicht – – – –, nach Art ägyptischer Annalen, zu.« – also »zufügen«, infligere, für »hinzufügen«, addere; – um eine Silbe zu ersparen. Aber die Manie ist universal: Alles greift zu, die Sprache zu demolieren, ohne Gnade und Schonung; ja, wie bei einem Vogelschießen, sucht jeder ein Stück abzulösen, wo und wie er nur kann. Also zu einer Zeit, da in Deutschland nicht ein einziger Schriftsteller lebt, dessen Werke sich Dauer versprechen dürfen, erlauben sich Bücherfabrikanten, Literaten und Zeitungsschreiber die Sprache reformieren zu wollen, und so sehen wir denn dieses gegenwärtige, bei aller Langbärtigkeit, impotente, d.h. zu jeder Geistesproduktion höherer Art unfähige, Geschlecht, seine Muße dazu verwenden, die Sprache, in welcher große Schriftsteller geschrieben haben, auf die mutwilligste und unverschämteste Weise zu verstümmeln, um so sich ein herostratisches Andenken zu stiften. Wenn ehemals wohl die Koryphäen der Literatur sich, im Einzelnen, eine wohlüberlegte Sprachverbesserung erlaubten; so hält sich jetzt jeder Tintenkleckser, jeder Zeitungsschreiber, jeder Herausgeber eines ästhetischen Winkelblattes befugt, seine Tatzen an die Sprache zu legen, um nach seinem Kaprice herauszureißen was ihm nicht gefällt, oder auch neue Worte einzusetzen.

Hauptsächlich ist, wie gesagt, die Wut dieser Wortbeschneider auf die Präfixa und Affixa aller Wörter gerichtet. Was sie nun durch solche Amputation derselben zu erreichen suchen, muss wohl die Kürze und durch diese die größere Prägnanz und Energie des Ausdrucks sein: denn die Papierersparnis ist am Ende doch gar zu gering. Sie möchten also das zu Sagende möglichst kontrahieren. Hiezu aber ist eine ganz andere Prozedur, als Wortbeknapperei, erfordert, nämlich diese, dass man bündig und konzis **denke**: gerade diese jedoch steht nicht ebenso einem jeden zu Gebote. Zudem nun aber ist schlagende Kürze, Energie und Prägnanz des Ausdrucks nur dadurch möglich, dass die Sprache für jeden Begriff ein Wort und für jede Modifikation, sogar für jede Nuancierung dieses Begriffs eine derselben genau entsprechende Modifikation des Wortes besitze; weil nur durch diese, in ihrer richtigen Anwendung, es möglich wird, dass jede Periode, sobald sie ausgesprochen worden, im Hörer gerade und genau den Gedanken, welchen der Redner beabsichtigt, erwecke, ohne ihn auch nur einen Augenblick im Zweifel zu lassen, ob dieses, oder jenes, gemeint sei. Hiezu nun muss jedes Wurzelwort der Sprache ein ***modificabile multimodis modificationibus*** sein, um sich allen Nuancen des Begriffs, und dadurch den Feinheiten des Gedankens, wie ein nasses Gewand, anlegen zu können. Dieses nun wird hauptsächlich gerade durch die Präfixa und Affixa ermöglicht: sie sind die Modulationen jedes Grundbegriffs auf der Klaviatur der Sprache. Daher haben auch Griechen und Römer die Bedeutung fast aller Verba und vieler Substantiva durch Präfixa moduliert und nuanciert. Man kann sich dies an jedem lateinischen Hauptverbo exemplifizieren, z.B. an ponere, modifiziert zu imponere, deponere, disponere, exponere, componere, adponere, subponere, superponere, seponere, praeponere, proponere, interponere, transponere usf. Das Selbe lässt sich an deutschen Worten zeigen: z.B. das Substantiv Sicht wird modifiziert zu Aussicht, Einsicht, Durchsicht, Nachsicht, Vorsicht, Hinsicht,

Absicht usf. Oder das Verbum Suchen, modifiziert zu Aufsuchen, Aussuchen, Untersuchen, Besuchen, Ersuchen, Versuchen, Heimsuchen, Durchsuchen, Nachsuchen usf. Dies also leisten die Präfixa: lässt man sie, angestrebter Kürzer halber, weg und sagt, vorkommenden Falls, statt aller angegebenen Modifikationen, jedes Mal nur ponere, oder Sicht, oder suchen; so bleiben alle näheren Bestimmungen eines sehr weiten Grundbegriffs unbezeichnet und das Verständnis Gott und dem Leser überlassen: dadurch wird also die Sprache zugleich arm, ungelenk und roh gemacht. Nichtsdestoweniger ist gerade dies der Kunstgriff der scharfsinnigen Sprachverbesserer der »Jetztzeit«. Plump und unwissend, wähnen sie wahrlich, unsere so sinnigen Vorfahren hätten die Präfixa müßigerweise, aus reiner Dummheit, hingesetzt, und glauben ihrerseits einen Geniestreich zu begehen, indem sie solche überall wegknappen, mit Hast und Eifer, wo sie nur Eines gewahr werden; während doch in der Sprache kein Präfixum ohne Bedeutung ist, keines, das nicht diente, den Grundbegriff durch alle seine Modulationen durchzuführen und eben dadurch Bestimmtheit, Deutlichkeit und Feinheit des Ausdrucks möglich zu machen, welche sodann in Energie und Prägnanz desselben übergehen kann. Hingegen wird durch Abschneiden der Präfixa aus mehreren Wörtern Eines gemacht; wodurch die Sprache verarmt. Aber noch mehr: nicht bloß Wörter sind es, sondern Begriffe, die dadurch verloren gehen; weil es alsdann an Mitteln fehlt, diese zu fixieren, und man nun bei seinem Reden, ja, selbst bei seinem Denken, sich mit dem ***à peu près*** zu begnügen hat, wodurch die Energie der Rede und Deutlichkeit des Gedankens eingebüßt wird. Man kann nämlich nicht, wie durch solche Beknappung geschieht, die Zahl der Wörter verringern, ohne zugleich die Bedeutung der übrigbleibenden zu erweitern, und wiederum dieses nicht, ohne derselben ihre genaue Bestimmtheit zu nehmen, folglich der Zweideutigkeit, mithin der Unklarheit in die Hände zu arbeiten, wodurch alsdann alle Präzision und Deutlichkeit des Ausdrucks, geschweige Energie und Prägnanz desselben, unmöglich gemacht wird. Eine Erläuterung hiezu liefert schon die oben gerügte Erweiterung der Bedeutung des Wortes **nur**, welche sogleich Zweideutigkeit, ja, bisweilen Falschheit des Ausdrucks herbeiführt. – Wie wenig ist doch daran gelegen, dass ein Wort zwei Silben mehr habe, wenn durch diese der Begriff näher bestimmt wird! Sollte man glauben, dass es Schiefköpfe gibt, die **Indifferenz** schreiben, wo sie **Indifferentismus** meinen, – um diese zwei Silben zu lukrieren!

Zu aller Deutlichkeit und Bestimmtheit des Ausdrucks, und dadurch zur echten Kürze, Energie und Prägnanz der Rede, sind also gerade jene Präfixa, welche ein Wurzelwort durch alle Modifikationen und Nuancen seiner Anwendbarkeit durchführen, ein unerlässliches Mittel, und ebenso die Affixa, also auch die verschiedenartigen Endsilben der von Verben abstammenden Substantiva, wie dieses bereits oben, an Versuch und Versuchung usw., erläutert worden. Daher sind beide Modulationsweisen der Wörter und Begriffe von unseren Altvorderen höchst sinnig, weise und mit richtigem Takt auf die Sprache verteilt und den Wörtern aufgedrückt worden. Auf jene aber ist, in unseren Tagen, ein Geschlecht roher, unwissender und unfähiger Schmierer gefolgt, welches, mit vereinten Kräften, sich ein Geschäft daraus macht, durch Dilapidation der Wörter jenes alte Kunstwerk zu zerstören; weil eben diese Pachydermata für Kunstmittel, welche bestimmt sind, fein nuancierten Gedanken zum Ausdruck zu dienen, natürlich keinen Sinn haben: wohl aber verstehen sie, Buchstaben zu zählen. Hat daher so ein Pachyderma die Wahl zwischen zwei Wörtern, davon das eine, mittelst seines Präfixums, oder Affixums, dem auszudrückenden Begriffe genau entspricht, das andere aber ihn nur so ungefähr und im Allgemeinen bezeichnet, jedoch drei Buchstaben weniger zählt; so greift unser Pachyderma unbedenklich nach dem letzteren und begnügt sich hinsichtlich des Sinnes mit dem ***à peu près***: denn sein Denken bedarf jener Feinheiten nicht; da es doch nur so in Bausch und Bogen geschieht: – aber nur recht wenige Buchstaben! daran hängt die Kürze und Kraft des Ausdrucks, die Schönheit der Sprache. Wie sollte aber auch so ein Pachyderma Gefühl haben für das zarte Wesen einer Sprache, dieses köstlichen, weichen Materials, denkenden Geistern überliefert, um einen genauen und feinen Gedanken aufnehmen und bewahren zu können? Hingegen Buchstaben zählen, das ist etwas für Pachydermata! Seht daher, wie sie schwelgen in der Sprachverhunzung, diese edlen Söhne der »Jetztzeit«. Seht sie nur an! Kahle Köpfe, lange Bärte, Brillen statt der Augen, als Surrogat der Gedanken ein Cigarro im tierischen Maul, ein Sack auf dem Rücken statt des Rocks, Herumtreiben statt des Fleißes, Arroganz statt der Kenntnisse, Frechheit und Kamaraderie statt der Verdienste. Edle »Jetztzeit«, herrliche Epigonen, bei der Muttermilch Hegelscher Philosophie herangewachsenes Geschlecht! Zum ewigen Andenken wollt ihr eure Tatzen in unsere alte Sprache drücken, damit der Abdruck, als Ichnolite, die Spur eures schalen und dumpfen Daseins auf immer bewahre. Aber ***Dî meliora!*** Fort, Pachydermata, fort! **Dies ist die deutsche Sprache!** in der **Menschen** sich ausgedrückt, ja, in der große Dichter gesungen und große Denker geschrieben haben. Zurück mit den Tatzen! – oder ihr sollt – **hungern**. (Dies allein schreckt sie.) –

Der gerügten »jetztzeitigen« Verschlimmbesserung der Sprache, durch der Schule zu früh entlaufene und in Unwissenheit herangewachsene Knaben, ist denn auch die

Interpunktion zur Beute geworden, als welche heutzutage, fast allgemein, mit absichtlicher, selbstgefälliger Liederlichkeit gehandhabt wird. Was eigentlich die Skribler sich dabei denken mögen, ist schwer anzugeben: wahrscheinlich aber soll die Narrheit eine französische liebenswürdige ***légèreté*** vorstellen, oder auch Leichtigkeit der Auffassung beurkunden und voraussetzen. Mit den Interpunktionszeichen der Druckerei wird nämlich umgegangen, als wären sie von Gold: demnach werden etwa drei Viertel der nötigen Kommata weggelassen (finde sich zurecht wer kann!); wo aber ein Punkt stehen sollte, steht erst ein Komma, oder höchstens ein Semikolon, u.dgl.m. Nun aber steckt in der Interpunktion ein Teil der Logik jeder Periode, sofern diese dadurch markiert wird: daher ist eine solche absichtliche Liederlichkeit geradezu frevelhaft, am meisten aber, wann sie, wie jetzt sehr häufig geschieht, sogar von ***si Deo placet*** Philologen, selbst auf die Ausgaben alter Schriftsteller angewandt und das Verständnis dieser dadurch beträchtlich erschwert wird. Nicht einmal das N.T. ist, in seinen neueren Auflagen, damit verschont geblieben. Es liegt am Tage, dass eine laxe Interpunktion, wie etwa die französische Sprache, wegen ihrer streng logischen und daher kurz angebundenen Wortfolge, und die englische, wegen der großen Ärmlichkeit ihrer Grammatik, sie zulässt, nicht anwendbar ist auf relative Ursprachen, die, als solche, eine komplizierte und gelehrte Grammatik haben, welche künstlichere Perioden möglich macht; dergleichen die griechische, lateinische und deutsche Sprache sind.

Um nun also auf die hier eigentlich in Rede stehende Kürze, Konzinnität und Prägnanz des Vortrags zurückzukommen; so geht eine wirklich solche allein aus dem Reichtum und der Inhaltsschwere der Gedanken hervor, bedarf daher am allerwenigsten jener armseligen, als Mittel zur Abkürzung des Ausdrucks ergriffenen Wort- und

Phrasenbeschneiderei, die ich hier einmal gehörig gerügt habe. Denn vollwichtige, reichhaltige, also überhaupt schreibenswerte Gedanken müssen Stoff und Gehalt genug liefern, um die sie aussprechenden Perioden, auch in der grammatischen und lexikalischen Vollkommenheit aller ihrer Teile, so sattsam auszufüllen, dass solche nirgends hohl, leer, oder leicht befunden werden, sondern der Vortrag überall kurz und prägnant bleibt, während an ihm der Gedanke seinen fasslichen und bequemen Ausdruck findet, ja, sich mit Grazie darin entfaltet und bewegt. Also nicht die Worte und Sprachformen soll man zusammenziehen, sondern die Gedanken vergrößern; wie ein Konvalescens durch Herstellung seiner Wohlbeleibtheit, nicht aber durch Engermachen seiner Kleider, diese wieder wie vormals auszufüllen im Stande sein soll.

§ 284

Ein heutzutage, beim gesunkenen Zustande der Literatur und bei der Vernachlässigung der alten Sprachen, immer häufiger werdender, jedoch nur in Deutschland einheimischer Fehler des Stils ist die **Subjektivität** desselben. Sie besteht darin, dass es dem Schreiber genügt, selbst zu wissen, was er meint und will; der Leser mag sehen, wie auch er dahinter komme. Unbekümmert um diesen, schreibt er eben, als ob er einen Monolog hielte; während es denn doch ein Dialog sein sollte, und zwar einer, in welchem man sich umso deutlicher auszudrücken hat, als man die Fragen des anderen nicht vernimmt. Eben dieserhalb nun also soll der Stil **nicht** subjektiv, sondern objektiv sein; wozu es nötig ist, die Worte so zu stellen, dass sie den Leser geradezu zwingen, genau dasselbe zu denken, was der Autor gedacht hat. Dies wird aber nur dann zu Stande kommen, wann der

Autor stets eingedenk war, dass die Gedanken insofern das Gesetz der Schwere befolgen, als sie den Weg vom Kopfe auf das Papier viel leichter, als den vom Papier zum Kopfe zurücklegen, daher ihnen hiebei mit allen uns zu Gebote stehenden Mitteln geholfen werden muss. Ist dies geschehen, so wirken die Worte rein objektiv, gleich wie ein vollendetes Ölgemälde; während der subjektive Stil nicht viel sicherer wirkt, als die Flecken an der Wand, bei denen der allein, dessen Phantasie zufällig durch sie erregt worden, Figuren sieht, die anderen nur Kleckse. Der in Rede stehende Unterschied erstreckt sich über die ganze Darstellungsweise, ist aber oft auch im Einzelnen nachweisbar: soeben z.B. lese ich in einem neuen Buche: »um die Masse der vorhandenen Bücher zu vermehren, habe ich nicht geschrieben«. Dies sagt das Gegenteil von dem, was der Schreiber beabsichtigte, und obendrein Unsinn.

§ 285

Wer nachlässig schreibt legt dadurch zunächst das Bekenntnis ab, dass er selbst seinen Gedanken keinen großen Wert beilegt. Denn nur aus der Überzeugung von der Wahrheit und Wichtigkeit unserer Gedanken entspringt die Begeisterung, welche erfordert ist, um mit unermüdlicher Ausdauer überall auf den deutlichsten, schönsten und kräftigsten Ausdruck derselben bedacht zu sein; – wie man nur an Heiligtümer, oder unschätzbare Kunstwerke, silberne oder goldene Behältnisse wendet. Daher haben die Alten, deren Gedanken, in ihren eigenen Worten, schon Jahrtausende fortleben, und die deswegen den Ehrentitel Klassiker tragen, mit durchgängiger Sorgfalt geschrieben; soll doch **Plato** den Eingang seiner Republik siebenmal, verschieden modifiziert, abgefasst haben. – Die Deutschen hingegen zeichnen sich durch Nachlässigkeit des Stils, wie des Anzuges, vor anderen Nationen aus, und beiderlei Schlumperei entspringt aus derselben, im Nationalcharakter liegenden Quelle. Wie aber Vernachlässigung des Anzuges Geringschätzung der Gesellschaft, in die man tritt, verrät, so bezeugt flüchtiger, nachlässiger, schlechter Stil, eine beleidigende Geringschätzung des Lesers, welche dann dieser, mit Recht, durch Nichtlesen straft. Zumal aber sind die Rezensenten belustigend, welche im nachlässigsten Lohnschreiberstile die Werke anderer kritisieren. Das nimmt sich aus, wie wenn einer im Schlafrock und Pantoffeln zu Gerichte säße. Wie sorgfältig hingegen werden ***Edinburgh' review*** und ***Journal des Savants*** abgefasst! Wie ich aber mit einem schlecht und schmutzig gekleideten Menschen mich in ein Gespräch einzulassen vorläufig Bedenken trage; so werde ich ein Buch weglegen, wenn mir die Fahrlässigkeit des Stils sogleich in die Augen springt.

§ 286

Wenige schreiben wie ein Architekt baut, der zuvor seinen Plan entworfen und bis ins Einzelne durchdacht hat; – vielmehr die Meisten nur so, wie man Domino spielt. Wie nämlich hier, halb durch Absicht, halb durch Zufall, Stein an Stein sich fügt, – so steht es eben auch mit der Folge und dem Zusammenhang ihrer Sätze. Kaum dass sie ungefähr wissen, welche Gestalt im Ganzen herauskommen wird und wo das Alles hinaus soll. Viele wissen selbst dies nicht, sondern schreiben, wie die Korallenpolypen bauen: Periode fügt sich an Periode, und es geht wohin Gott will.

§ 287

Der leitende Grundsatz der Stilistik sollte sein, dass der Mensch nur **einen** Gedanken zur Zeit deutlich denken kann; daher ihm nicht zuzumuten ist, dass er deren zwei, oder gar mehrere, auf einmal denke. – Dies aber mutet ihm der zu, welcher solche, als Zwischensätze, in die Lücken einer zu diesem Zwecke zerstückelten Hauptperiode schiebt; wodurch er ihn also unnötiger und mutwilliger Weise in Verwirrung setzt. Hauptsächlich tun dies die **deutschen** Schriftsteller. Dass ihre Sprache sich dazu besser, als die anderen lebenden, eignet, begründet zwar die Möglichkeit, aber nicht die Löblichkeit der Sache. Keine Prosa liest sich so leicht und angenehm, wie die Französische; weil sie von diesem Fehler, in der Regel, frei ist. Der Franzose reiht seine Gedanken, in möglichst logischer und überhaupt natürlicher Ordnung, aneinander und legt sie so seinem Leser sukzessive zu bequemer Erwägung vor. Der Deutsche hingegen flicht sie in einander, zu einer verschränkten und abermals verschränkten und nochmals verschränkten Periode. Also, während er suchen sollte, die Aufmerksamkeit seines Lesers anzulocken und festzuhalten, verlangt er vielmehr von demselben noch obendrein, dass er, obigem Gesetze der Einheit der Appréhension entgegen, drei oder vier verschiedene Gedanken zugleich, oder, weil dies nicht möglich ist, in schnell vibrierender Abwechslung denke. Hierdurch legt er den Grund zu seinem ***stile empesé***, den er sodann durch preziöse, hochtrabende Ausdrücke, um die einfachsten Sachen mitzuteilen, und sonstige Kunstmittel dieser Art, vollendet.

Durch jene langen, mit in einander geschachtelten Zwischensätzen bereicherten und, wie gebratene Gänse mit Äpfeln, ausgestopften Perioden wird eigentlich zunächst das **Gedächtnis** in Anspruch genommen; während vielmehr Verstand und Urteilskraft aufgerufen werden sollten, deren Tätigkeit nun aber gerade dadurch erschwert und geschwächt wird. Denn dergleichen Perioden liefern dem Leser lauter halb vollendete Phrasen, die sein Gedächtnis nun sorgfältig sammeln und aufbewahren soll, wie die Stückchen eines zerrissenen Briefes, bis sie durch die später nachkommenden, respektiven anderen Hälften ergänzt werden und dann einen Sinn erhalten. Folglich muss er bis dahin eine Weile lesen, ohne irgendetwas zu denken, vielmehr bloß alles memorieren, in der Hoffnung auf den Schluss, der ihm ein Licht aufstecken wird, bei dem er nun auch etwas zu denken empfangen soll. Das ist offenbar schlecht. Aber die unverkennbare Vorliebe der gewöhnlichen Köpfe für diese Schreibart beruht darauf, dass sie den Leser erst nach einiger Zeit und Mühe das verstehen lässt, was er außerdem sogleich verstanden haben würde; wodurch nun der Schein entsteht, als hätte der Schreiber mehr Tiefe und Verstand, als der Leser. Auch dieses also gehört zu den oben erwähnten Kunstgriffen, mittelst welcher die Mediokren, unbewusst und instinktartig, ihre Geistesarmut zu verstecken und den Schein des Gegenteils hervorzubringen sich bemühen. Ihre Erfindsamkeit hierin ist sogar erstaunenswert.

Offenbar aber ist es gegen alle gesunde Vernunft, einen Gedanken quer durch einen anderen zu schlagen, wie ein hölzernes Kreuz: Dies geschieht jedoch, indem man das, was man zu sagen angefangen hat, unterbricht, um etwas ganz anderes dazwischen zu sagen, und so seinem Leser eine angefangene Periode, einstweilen noch ohne Sinn, in Verwahrung gibt, bis die Ergänzung nachkommt. Es ist ungefähr, wie wenn man seinen Gästen einen leeren Teller in die Hand gäbe, mit der Hoffnung, es werde noch etwas darauf kommen. Eigentlich sind die Zwischenkommata von derselben Familie mit den Noten unter der Seite und den Parenthesen mitten im Text; ja, alle Drei sind im Grunde bloß dem Grade nach verschieden. Wenn bisweilen Demosthenes und Cicero dergleichen Einschachtelungsperioden gemacht haben; so hätten sie besser getan, es zu unterlassen.

§ 288

Schon in der Logik könnte, bei der Lehre von den **analytischen Urteilen**, beiläufig bemerkt werden, dass sie eigentlich im guten Vortrage nicht vorkommen sollen; weil sie sich einfältig ausnehmen. Am meisten tritt dies hervor, wenn vom Individuo prädiziert wird was schon der Gattung zukommt: wie, z.B., ein Ochs, welcher Hörner hatte; ein Arzt, dessen Geschäft es war, Kranke zu kurieren, u.dgl.m. Daher sind sie nur da zu gebrauchen, wo eine Erklärung, oder Definition gegeben werden soll.

§ 289

Gleichnisse sind von großem Werte; sofern sie ein unbekanntes Verhältnis auf ein bekanntes zurückführen. Auch die ausführlicheren Gleichnisse, welche zur Parabel, oder Allegorie anwachsen, sind nur die Zurückführung irgendeines Verhältnisses auf seine einfachste, anschaulichste und handgreiflichste Darstellung. – Sogar beruht alle Begriffsbildung im Grunde auf Gleichnissen; sofern sie aus dem Auffassen des Ähnlichen, und Fallenlassen des Unähnlichen in den Dingen erwächst. Ferner besteht jedes eigentliche **Verstehen** zuletzt in einem Auffassen von Verhältnissen (***un saisir de rapports***): man wird aber jedes

Verhältnis umso deutlicher und reiner auffassen, als man es in weit voneinander verschiedenen Fällen und zwischen ganz heterogenen Dingen als dasselbe wiedererkennt. So lange nämlich ein Verhältnis mir nur als in einem einzelnen Falle vorhanden bekannt ist, habe ich von demselben bloß eine individuelle, also eigentlich nur noch anschauliche Erkenntnis: sobald ich aber auch nur in zwei verschiedenen Fällen dasselbe Verhältnis auffasse, habe ich einen **Begriff** von der ganzen **Art** desselben, also eine tiefere und vollkommenere Erkenntnis.

Eben weil Gleichnisse ein so mächtiger Hebel für die Erkenntnis sind, zeugt das Aufstellen überraschender und dabei treffender Gleichnisse von einem tiefen Verstande. Demgemäß sagt auch **Aristoteles**: ***πολυ δε μεγιστον το μεταφορικον ειναι· μόνον γαρ τουτο ουτε παρ' αλλου εστι λαβειν, ευφυϊας τε σημειον εστιν· το γαρ ευ μεταφερειν το ʻομοιον θεωρειν εστιν·*** (***at maximum est, metaphoricum esse: solum enim hoc neque ab alio licet assumere, et boni ingenii signum est. Bene enim transferre est simile intueri.***) de poëtica. C. 22. Desgleichen: ***και εν φιλοσοφια το ʻομοιον, και εν πολυ διεχουσι, θεωρειν ευστοχου.*** (***etiam in philosophia simile, vel in longe distantibus, cernere perspicacis est.***) Rhet. III, 11.

Über Lesen und Bücher

Kapitel XXIV von Parerga und Paralipomena II

§ 290

Unwissenheit degradiert den Menschen erst dann, wann sie in Gesellschaft des Reichtums angetroffen wird. Den Armen bändigt seine Armut und Not; seine Leistungen ersetzen bei ihm das Wissen und beschäftigen seine Gedanken. Hingegen Reiche, welche unwissend sind, leben bloß ihren Lüsten und gleichen dem Vieh; wie man dies täglich sehen kann. Hiezu kommt nun noch der Vorwurf, dass man Reichtum und Muße nicht benutzt habe zu Dem, was ihnen den allergrößten Wert verleiht.

§ 291

Wann wir lesen, denkt ein anderer für uns: wir wiederholen bloß seinen mentalen Prozess. Es ist damit, wie wenn beim Schreibenlernen der Schüler die vom Lehrer mit Bleistift geschriebenen Züge mit der Feder nachzieht. Demnach ist beim Lesen die Arbeit des Denkens uns zum größten Teile abgenommen. Daher die fühlbare Erleichterung, wenn wir von der Beschäftigung mit unseren eigenen Gedanken zum Lesen übergehen. Eben daher kommt es auch, dass wer sehr viel und fast den ganzen Tag liest, dazwischen aber sich in gedankenlosem Zeitvertreibe erholt, die Fähigkeit, selbst zu denken, allmählich verliert, – wie einer, der immer reitet, zuletzt das Gehen verlernt. Solches aber ist der Fall sehr vieler Gelehrten: sie haben sich dumm gelesen. Denn beständiges, in jedem freien Augenblicke sogleich wieder aufgenommenes Lesen ist noch geisteslähmender, als beständige Handarbeit; da man bei dieser doch den eigenen Gedanken nachhängen kann. Aber wie eine Springfeder durch den anhaltenden Druck eines fremden Körpers ihre Elastizität endlich einbüßt; so der Geist die seine, durch fortwährendes Aufdringen fremder Gedanken. Und wie man durch zu viele Nahrung den Magen verdirbt und dadurch dem ganzen Leibe schadet; so kann man auch durch zu viele Geistesnahrung den Geist überfüllen und ersticken. Denn selbst das Gelesene eignet man sich erst durch späteres Nachdenken darüber an, durch Rumination. Liest man hingegen immerfort, ohne späterhin weiter daran zu denken; so fasst es nicht Wurzel und geht meistens verloren. Überhaupt aber geht es mit der geistigen Nahrung nicht anders, als mit der leiblichen: kaum der fünfzigste Teil von dem, was man zu sich nimmt, wird assimiliert: das Übrige geht durch Evaporation, Respiration, oder sonst ab.

Zu diesem Allen kommt, dass zu Papier gebrachte Gedanken überhaupt nichts weiter sind, als die Spur eines Fußgängers im Sande: man sieht wohl den Weg, welchen er genommen hat; aber um zu wissen, was er auf dem Wege gesehen, muss man seine eigenen Augen gebrauchen.

§ 292

Keine schriftstellerische Eigenschaft, wie z. B. Überredungskraft, Bilderreichtum, Vergleichungsgabe, Kühnheit, oder Bitterkeit, oder Kürze, oder Grazie, oder Leichtigkeit des Ausdrucks, noch auch Witz, überraschende Kontraste, Lakonismus, Naivität, u.dgl.m. können wir dadurch erwerben, dass wir Schriftsteller lesen, die solche haben. Wohl aber können wir hierdurch dergleichen Eigenschaften, falls wir sie schon als Anlage, also potentia, besitzen, in uns hervorrufen, sie uns zum Bewusstsein bringen, können sehen, was alles sich damit machen lässt, können bestärkt werden in der Neigung, ja, im Mute sie zu gebrauchen, können an Beispielen die Wirkung ihrer Anwendung beurteilen und so den richtigen Gebrauch derselben erlernen; wonach wir allerdings erst dann sie auch actu besitzen. Dies also ist die einzige Art wie Lesen zum Schreiben bildet, indem es nämlich uns den Gebrauch lehrt, den wir von unsern eigenen Naturgaben machen können; also immer nur unter der Voraussetzung dieser. Ohne solche hingegen erlernen wir durch Lesen nichts, als kalte tote Manier, und werden zu seichten Nachahmern.

§ 293

Wie die Schichten der Erde die lebenden Wesen vergangener Epochen reihenweise aufbewahren; so bewahren die Bretter der Bibliotheken reihenweise die vergangenen Irrtümer und deren Darlegungen, welche, wie jene Ersteren, zu ihrer Zeit, sehr lebendig waren und viel Lärm machten, jetzt aber starr und versteinert dastehen, wo nur noch der literarische Paläontologe sie betrachtet.

§ 294

Xerxes hat, nach Herodot, beim Anblick seines unübersehbaren Heeres geweint, indem er bedachte, dass von diesen allen, nach hundert Jahren, keiner am Leben sein würde: wer möchte da nicht weinen, beim Anblick des dicken Messkatalogs, wenn er bedenkt, dass von allen diesen Büchern, schon nach zehn Jahren, keines mehr am Leben sein wird.

§ 295

Es ist in der Literatur nicht anders, als im Leben: wohin auch man sich wende, trifft man sogleich auf den inkorrigiblen Pöbel der Menschheit, welcher überall legionenweise vorhanden ist, alles erfüllt und alles beschmutzt, wie die Fliegen im Sommer. Daher die Unzahl schlechter Bücher, dieses wuchernde Unkraut der Literatur, welches dem Weizen die Nahrung entzieht, und ihn erstickt. Sie reißen nämlich Zeit, Geld und Aufmerksamkeit des Publikums, welche von Rechtswegen den guten Büchern und ihren edlen Zwecken gehören, an sich, während sie bloß in der Absicht, Geld einzutragen, oder Ämter zu verschaffen, geschrieben sind. Sie sind also nicht bloß unnütz, sondern positiv schädlich.

§ 296

Es gibt, zu allen Zeiten, zwei Literaturen, die ziemlich fremd nebeneinander hergehen: eine wirkliche und eine bloß scheinbare. Jene erwächst zur **bleibenden Litera-**

tur. Betrieben von Leuten, die **für** die Wissenschaft, oder die Poesie, leben, geht sie ihren Gang ernst und still, aber äußerst langsam, produziert in Europa kaum ein Dutzend Werke im Jahrhundert, welche jedoch **bleiben**. Die andere, betrieben von Leuten, die **von** der Wissenschaft, oder Poesie, leben, geht im Galopp, unter großem Lärm und Geschrei der Beteiligten, und bringt jährlich viele Tausend Werke zu Markte. Aber nach wenig Jahren fragt man: Wo sind sie? Wo ist ihr so früher und so lauter Ruhm?

§ 297

In der Weltgeschichte ist ein halbes Jahrhundert immer beträchtlich; weil ihr Stoff stets fortfließt, indem doch immer etwas vorgeht. Hingegen in der Geschichte der Literatur ist dieselbe Zeit oft für gar keine zu rechnen; weil eben nichts geschehen ist: denn stümperhafte Versuche gehen sie nicht an. Man ist also wo man vor fünfzig Jahren gewesen.

Dies zu erläutern, denke man sich die Fortschritte der Erkenntnis beim Menschengeschlechte unter dem Bilde einer Planetenbahn. Dann lassen sich die Irrwege, auf welche es meistens bald nach jedem bedeutenden Fortschritte gerät, durch Ptolemäische Epizyklen darstellen, nach der Durchlaufung eines jeden von welchen es wieder da ist, wo es vor dem Antritt derselben war. Die großen Köpfe jedoch, welche wirklich auf jener Planetenbahn das Geschlecht weiterführen, machen den jedesmaligen Epizyklus nicht mit. Hieraus erklärt sich, warum der Ruhm bei der Nachwelt meistens durch Verlust des Beifalls der Mitwelt bezahlt wird, und umgekehrt. – Ein solcher Epizyklus ist z. B. die Philosophie Fichtes und Schellings, zum Schlusse gekrönt durch die Hegelsche Karikatur derselben. Dieser Epizyklus ging von der zuletzt durch Kant bis dahin fortgeführten Kreislinie ab, wo selbst ich späterhin sie wieder aufgenommen habe, um sie weiterzuführen: in der Zwischenzeit aber durchliefen nun die besagten Scheinphilosophen und noch einige andere daneben ihren Epizyklus, der jetzt nachgerade vollendet ist, wodurch das mit ihnen gelaufene Publikum inne wird, dass es sich eben da befindet, von wo er ausgegangen war.

Mit diesem Hergange der Dinge hängt es zusammen, dass wir den wissenschaftlichen, literarischen und artistischen Zeitgeist ungefähr alle 30 Jahre deklarierten Bankrott machen sehen. In solcher Zeit nämlich haben alsdann die jedesmaligen Irrtümer sich so gesteigert, dass sie unter der Last ihrer Absurdität zusammenstürzen, und zugleich hat die Opposition sich an ihnen gestärkt. Nun also schlägt es um: oft aber folgt jetzt ein Irrtum in entgegengesetzter Richtung. Diesen Gang der Dinge in seiner periodischen Wiederkehr zu zeigen, wäre der rechte pragmatische Stoff der Literargeschichte: aber diese denkt wenig daran. Zudem sind, wegen der verhältnismäßigen Kürze solcher Perioden, die Data derselben aus entfernteren Zeiten oft schwer zusammenzubringen: daher man am bequemsten die Sache an seinem eigenen Zeitalter beobachten kann. Wollte man hiezu ein Beispiel aus den Realwissenschaften; so könnte man die Werner'sche Neptunistische Geologie nehmen. Allein ich bleibe bei dem bereits oben angeführten, uns zunächst liegenden Beispiel. Auf **Kants** Glanzperiode folgte in deutscher Philosophie unmittelbar eine andere, in welcher man sich bestrebte, statt zu überzeugen, zu imponieren; statt gründlich und klar, glänzend und hyperbolisch, zumal aber unverständlich zu sein; ja sogar, statt die Wahrheit zu suchen, zu intrigieren. Dabei konnte die Philosophie keine Fortschritte machen. Endlich kam es zum Bankrott dieser ganzen Schule und Methode. Denn im Hegel und seinen Gesellen hatte die Frechheit des Unsinnschmierens einerseits und die des gewissenlosen Anpreisens andererseits, nebst der augenfälligen Absichtlichkeit des ganzen sauberen Treibens, eine so kolossale Größe erreicht, dass endlich allen die Augen über die ganze Scharlatanerie aufgehen mussten, und als in Folge gewisser Enthüllungen, der Schutz von oben der Sache entzogen wurde, auch der Mund. Die Fichteschen und Schellingischen Antezedenzien dieser elendesten aller je gewesenen Philosophastereien wurden von ihr nachgezogen in den Abgrund des Diskredits. Dadurch kommt nunmehr die gänzliche philosophische Inkompetenz der ersten Hälfte des auf Kant in Deutschland folgenden Jahrhunderts an den Tag, während man sich, dem Auslande gegenüber, mit den philosophischen Gaben der Deutschen brüstet. –

Wer nun aber zu dem hier aufgestellten allgemeinen Schema der Epizyklen Belege aus der Kunstgeschichte will, darf nur die noch im vorigen Jahrhunderte, besonders in ihrer französischen Weiterbildung, blühende Bildhauerschule des **Bernini** betrachten, welche, statt der antiken Schönheit, die gemeine Natur und, statt der antiken Einfalt und Grazie, den französischen Menuettanstand darstellte. Sie machte Bankrott, als, nach **Winkelmanns** Zurechtweisung, die Rückkehr zur Schule der Alten erfolgte. – Einen Beleg wiederum aus der Malerei liefert das erste Viertel dieses Jahrhunderts, als welches die Kunst für ein bloßes Mittel und Werkzeug einer mittelalterlichen Religiosität hielt und daher kirchliche Vorwürfe zu ihrem alleinigen Thema erwählte, welche jetzt aber von Malern behandelt wurden, denen der wahre Ernst jenes Glauben abging, die jedoch, in Folge des besagten Wahnes, den Francesco Francia, Pietro Perugino, Angelo da Fiesole und ähnliche zu Mustern nahmen, ja, diese höher schätzten, als die auf sie folgenden eigentlich großen Meister. In Bezug auf diese

Verirrung, und weil in der Poesie ein analoges Streben sich gleichzeitig geltend gemacht hatte, schrieb Goethe die Parabel: »Pfaffenspiel.« Auch diese Schule wurde sodann als auf Grillen beruhend erkannt, machte Bankrott, und auf sie folgte die Rückkehr zur Natur, sich kund gebend in Genrebildern und Lebensszenen jeder Art, wenn auch bisweilen sich ins Gemeine verirrend.

Dem geschilderten Hergange der menschlichen Fortschritte entsprechend, ist die **Literargeschichte**, ihrem größten Teile nach, der Katalog eines Kabinetts von Missgeburten. Der Spiritus, in welchem diese sich am längsten konservieren, ist Schweinsleder. Die wenigen wohlgeratenen Geburten hingegen braucht man nicht dort zu suchen: sie sind am Leben geblieben, und man begegnet ihnen überall in der Welt, wo sie als Unsterbliche, in ewig frischer Jugend einhergehen. Sie allein machen die, im vorigen § bezeichnete, **wirkliche** Literatur aus, deren personenarme Geschichte wir, von Jugend auf, aus dem Munde aller Gebildeten, und nicht erst aus Kompendien, erlernen.

Wohl aber wünschte ich, dass einmal einer eine **tragische Literargeschichte** versuchte, worin er darstellte, wie die verschiedenen Nationen, deren ja jede ihren allerhöchsten Stolz in die großen Schriftsteller und Künstler, welche sie aufzuweisen hat, setzt, diese während ihres Lebens behandelt haben; worin er also uns jenen endlosen Kampf vor die Augen brächte, den das Gute und Echte aller Zeiten und Länder gegen das jedes Mal herrschende Verkehrte und Schlechte zu bestehen hat; das Märtyrertum fast aller wahren Erleuchter der Menschheit, fast aller großen Meister, in jeder Art und Kunst, abschilderte; uns vorführte, wie sie, wenige Ausnahmen abgerechnet, ohne Anerkennung, ohne Anteil, ohne Schüler, in Armut und Elend sich dahingequält haben, während Ruhm, Ehre und Reichtum den Unwürdigen ihres Faches zu Teil wurden;

wie jedoch, bei dem allen, die Liebe zu ihrer Sache sie aufrecht erhielt, bis denn endlich der schwere Kampf eines solchen Erziehers des Menschengeschlechts vollbracht war, der unsterbliche Lorbeer ihm winkte und die Stunde schlug, wo es auch für ihn hieß:

»Der schwere Panzer wird zum Flügelkleide,
Kurz ist der Schmerz, unendlich ist die Freude.«